Dieses Partnerschaftsbuch vertritt die Seite von

www.couplecoaching.de

David Wilchfort
www.couplecoaching.de
Fitnesstraining
für **Ihre**
Partnerbeziehung

Für meine Frau Blanka, ohne deren Hilfe auf allen Ebenen dieses Buch nie entstanden wäre.

Dank an

Nedeljko Dragic, der trotz seiner Begehrtheit als bekannter Trickfilmzeichner sich die Zeit für mein Projekt nahm.

Christiane Eichenberg, die mir als angehende Psychologin immer zügig geholfen hat, meine Ideen in gesetzte Worte zu bringen.

Meinem Sohn, Benjamin Wilchfort, der mir als Filmemacher und Webdesigner geholfen hat, die Mosaiksteine einer Sitzung zu einem fassbaren Ganzen zusammenzufügen.

Dem Paar Annemarie und Anton, die mir stellvertretend für die vielen Paare, mit denen ich über die Jahre gearbeitet habe, geholfen haben, die Vielfalt und die Kreativität der Paare in ihren Beziehungstänzen erkennen zu lernen.

Inhalt

Einleitung

Vom »SIE« und »ER« zum »WIR«

Dieses Buch ist ein Paarbuch. Es ist für Paare zum gleichzeitigen Lesen geschrieben worden. Durch die Eintragungen in das Buch wird eines zum »ER-Buch« und das andere zum »SIE-Buch«. Wenn man sie durch den Dialog mit dem Partner vereint, dann werden die beiden Bücher zum »WIR-Buch«.

Es ist natürlich möglich, dieses Buch auch alleine zu lesen, wenn man keinen oder keinen kooperativen Partner hat. Sie könnten sich dabei vorstellen, wie Ihr Partner die verschiedenen Vorschläge angehen würde. Man wird beim »Singlelesen« zwar etwas Grundsätzliches über Partnerbeziehungen lernen, aber es bedarf einer doppelten Perspektive, um an die tieferen Erkenntnisse in der eigenen Partnerbeziehung zu stoßen. Einer alleine wird zwar durch die beschriebenen Dialogszenen und Anmerkungen Fähigkeiten entwickeln, seine eigene Partnerschaft aus einer neuen Perspektive zu betrachten, aber kein Buch – außer der Partner schreibt es – kann die »andere« Sichtweise wiedergeben. Es ist wie in der Natur: Mit einem Auge kann man zwar flächig alles erkennen, aber erst durch den Stereoblick der beiden Augen gleichzeitig kann man die ganze Unendlichkeit in der Tiefe wahrnehmen.

Wenn man abwechselnd erst mit dem einen Auge und dann mit dem anderen in die Ferne schaut, kann man die Tiefenperspektive nicht wahrnehmen. Und genau so ist es mit diesem Buch: Wenn beide Partner das Buch zu verschiedenen Zeiten lesen, dann können die Beziehungsperspektiven dieses Buches nicht wahrgenommen werden.

Es liegt im Wesen einer Partnerbeziehung, dass die Beteiligten nur jeweils den anderen, aber nie die Beziehung direkt sehen können. Deshalb bedarf es entweder eines Spiegels – das können z.B. Freunde sein, mit denen man über die Beziehung spricht – oder der intensiven Zusammenarbeit eines Paares, um beide Seiten Ihrer Beziehung entdecken zu können. Die Beziehungspflege wird zur Sisyphusarbeit, wenn die beiden Partner in einer Beziehung ihre wechselseitigen unnützen Bemühungen nicht wahrnehmen können.

Couplecoaching oder was Paare möchten

Wenn ein Paar zu mir in die Beratung kommt, dann sucht es keine theoretische Aufklärung, sondern die Beteiligten möchten, dass sie sich miteinander wohler fühlen. Wenn möglich, soll das bis ans Ende ihrer gemeinsamen Tage anhalten. Die Partner wünschen sich von mir einen Rat, den sie leicht verstehen, der in allen Situationen hilft und den sie auch ohne große Mühe befolgen können. Dieser Wunsch ist zwar verständlich, aber nicht erfüllbar. Ich kann ihnen helfen, ihren Beziehungstanz besser zu verstehen und ihnen aufzeigen, wie sie sich beide aus Versehen immer wieder gegenseitig auf die Füße treten, aber heruntersteigen müssen sie selbst.

Da jedes Paar einzigartig ist und kein Beziehungstanz zweimal vorkommt, kann es auch keine allgemein gültigen Lösungsrezepte geben. Jedes Paar muss seine einmaligen »Tanzschritte« erkennen lernen, und nur dabei kann dieses Buch helfen.

Es gibt viele Bücher, die unterschiedliche Persönlichkeitsstrukturen beschreiben oder die Menschen in verschiedene Typen unterteilen. Man kann auch darüber lesen, wie sich Männer von Frauen unterscheiden. Aber so lange es kein Buch über *Ihre* Partnerbeziehung gibt, werden Sie beide nur durch die Zusammenarbeit miteinander wissen, mit wem Sie eine Beziehung eingegangen sind. Keine Statistik oder noch so gute Untersuchungen werden Ihnen die Mühe ersparen, Ihren Partner persönlich kennen zu lernen.

Nach meiner Meinung ist jede Partnerbeziehung einmalig. Jedes Paar, das sich für seine Beziehung entscheidet, geht auf eine Expedition in ein unbekanntes Gebirge. Deshalb kann es keine Landkarte geben für die eigene Beziehung. Jedes Paar muss sein eigener Landvermesser sein.

Im COUPLECOACHING geht es darum, den Paaren zu helfen, ihre eigene Partnerschaft zu erkennen. Es geht um das Wahrnehmen des für das Paar selbst *nicht direkt* Wahrnehmbaren, nämlich um die Interaktion in der Beziehung. Wenn das Paar gemeinsam so einen Erkenntnisgipfel mühsam erklommen hat, dann bekommt es den notwendigen Weitblick, um weitere Entscheidungen zu fällen. Die Wahl des weiteren Weges wird ihm nicht abgenommen, aber es weiß jetzt, wo es »lang gehen« *könnte*. Auch wandern müssen die beiden immer noch selbst, doch jetzt wird die Mühsal der nächsten Bergbesteigung wahrscheinlich effektiver sein. Es wird nicht mehr so leicht zum ständigen Abrutschen auf dem Beziehungspfad kommen.

Meine Erfahrung mit Paaren hat mir gezeigt, dass sie, sobald sie ihren Beziehungstanz überblickt haben, selbst erkennen, welche Wege ihnen offen stehen. Alternativen auf die weder das Paar noch ich vor dieser »erklommenen« Erkenntnis jemals gekommen wären.

Wenn Sie die Eintragungen zu den Vorschlägen vorgenommen haben und die Bücher austauschen, dann erhalten Sie die Landkarte zu Ihrem Beziehungsgebirge. Dieses Buch wird dann tatsächlich von Ihrer Beziehung handeln. Das SIE- und das ER-Buch zusammen werden damit zu einem wirklichen WIR-Buch Ihrer Partnerbeziehung.

Vorschlag zur Einstimmung

(Später im Text erfahren Sie, wie meine Vorschläge gemeint sind, und in den Anleitungen erkläre ich Ihnen, wie Sie die Vorschläge am besten nutzen. Sie können also die Fragen jetzt schon beantworten oder später darauf zurückkommen.)

Was ist Ihre Erwartung an dieses Buch? In welche Richtung soll sich Ihre Beziehung entwickeln?

○ Ich kann mir keine positive Situation mit meinem Partner vorstellen. (Kreuzen Sie diese Antwort nicht zu schnell an, denn die Entscheidung für diese Auswahl hat eine einschneidende Konsequenz. Wenn Sie diese Blickrichtung eingenommen haben, dann wird Ihnen die Kraft fehlen für die Bergbesteigung, die zu einer zufriedeneren Partnerbeziehung führen könnte.)

○ Mir ist bei der Frage (sofort/nach längeren Überlegen) ein Wunschbild in den Sinn gekommen.

○ *Der Aufwand hätte sich gelohnt, wenn in den nächsten Tagen* ... (Damit Ihre Beschreibung nicht zu theoretisch wird, beschreiben Sie eine Situation, die morgen, nächste Woche passieren könnte, die zeigt, dass Sie in der gewünschten Richtung weitergekommen sind. Denke Sie bitte daran, dass man die Ersteigung des Himalaya-Gebirges nicht mit dem Mount Everest beginnen kann. Für eine erste Übung sollte man mit dem am nächst liegenden Hügel beginnen.)

Ein Ermutigungsbuch für die Partnerschaft

Durch das Lesen der Aufzeichnungen von erfolgreichen Paargesprächen soll dieses Buch Mut machen, der eigenen verfahrenen Partnerschaft nochmals eine Chance zu geben. Durch die Aufzeichnungen der COUPLECOACHING-Gespräche, meine Kommentare und zusammen mit den vorgeschlagenen Übungen können die lesenden Paare eine neue Perspektive zu ihren eigenen Beziehungsspielen erlangen.

In meiner langjährigen Arbeit mit Paaren habe ich entdeckt, dass es einen ausschlaggebenden Faktor gibt, der entscheidet, ob ein Paar eine Chance hat, sich aus seiner Beziehungsmisere befreien zu können oder nicht. Dieses Essenzielle ist der Mut zur Beziehung oder der Glaube an die gemeinsame Fähigkeit zur Beziehungspflege (ein schöneres Wort für Beziehungsarbeit). Ohne diese Überzeugung, dass es möglich ist, eine Beziehung wieder auf einen Erfolg versprechenden Kurs zu bringen, ist eine Entwicklung nicht möglich. Viele Paare versuchen es gar nicht erst, weil sie der Möglichkeit skeptisch gegenüber stehen, dass ein Paar seine Beziehung durch eigenes Bemühen wieder einrenken und zufrieden stellend gestalten kann.

Dieses Buch soll Paaren Mut machen, ihre Partnerschaft als Lebewesen zu betrachten, das durch gemeinsame Pflege gedeihen und sich weiterentwickeln kann. Eine lebendige und wachsende Beziehung wird beiden Partnern im Gegenzug dafür Kraft und Freude spenden.

Eine wichtige Entscheidung vor dem Lesen

In vielen Partnerschaften hat der eine den anderen oder haben gar beide Partner sich gegenseitig bereits »abgewunken«:»Ach, das hat doch keinen Sinn mehr mit Dir!« Wenn man dieses Gefühl spürt und vielleicht auch die entsprechende Geste macht, dann muss man sich entscheiden:

♦ Bleibe ich bei dieser Beurteilung, dann muss ich mich konsequenterweise von meinem Partner trennen.

- Will ich dieser Beziehung wieder einen Sinn geben, dann muss ich mich nochmals um diese Beziehung bewusst bemühen.

Leider wählen manche Menschen einen dritten Weg: Sie »winken« monatelang, manchmal jahrelang weiter. Dieser Weg kann nur zu Verletzungen und Trauer führen. Wenn ich einmal entschieden habe: »Diese Beziehung hat keinen Sinn mehr«, dann werde ich mich auch nicht mehr um diese Beziehung bemühen. Eine Beziehung, um die man sich nicht bemüht, kann nicht gedeihen. Sie wird dahinwelken und beiden Partnern während des Abbauprozesses Schmerzen bereiten, denn man ist dann nicht mehr bereit, etwas für die Pflege der Beziehungspflanze zu tun.

Wenn Sie sich dieses Buch gekauft haben, dann sind Sie offensichtlich bereit, Ihrer Partnerschaft eine Chance zu geben, bevor sie zu verblüht ist oder nachdem sie schon zu welken begonnen hat. Dieses Buch ist dazu gedacht, Ihnen bei dieser Pflege zu helfen.

Kein Therapieersatz

An dieser Stelle muss ich noch eine wichtige Warnung aussprechen: Dieses Buch stellt keine therapeutische Beratung dar und kann sie nicht ersetzen. Wenn Sie merken, dass es Ihnen beiden durch die gemeinsame Nutzung dieser Seiten nicht möglich ist, den Schmerz in Ihrer Beziehung zu lindern, dann sollten Sie einen niedergelassenen ärztlichen oder psychologischen Psychotherapeuten oder eine Beratungsstelle aufsuchen. Entsprechende Hinweise zu solchen professionellen Hilfsmöglichkeiten vor Ort finden Sie in den gelben Seiten Ihres örtlichen Telefonbuchs und im Internet. Wenn Sie mich über meine Internetseite anschreiben, www.couplecoaching.de, helfe ich Ihnen auch gerne mit Adressen weiter.

Das Projekt COUPLECOACHING-Interactive

Dieses Buch ist Teil des Projekts COUPLECOACHING-Interactive, das außerdem aus einer geplanten TV-Sendung und einer Internetseite mit gleichem Namen besteht. Jedes dieser Teilprojekte ist in sich vollständig und kann unabhängig von den anderen Teilen genutzt werden. Die optimale Wirkung entsteht jedoch erst, durch die Synergie der drei Medien. Jede dieser Darstellungsmöglichkeiten hat ihre eigenen Vorteile.

- Das Buch ist für die längeren Texte zuständig.
- Das Fernsehen kann die nonverbale Ebene übertragen.
- Das Internet ermöglicht die Interaktion der lesenden Paare untereinander und mit dem Autor.

Je mehr Perspektiven vom gleichen Vorgang Sie wahrnehmen können, desto umfassender wird das Verständnis des geschilderten Geschehens. Bitte gehen Sie auf die Internetseite www.couplecoaching.de, um den aktuellen Stand des Projekts zu erfahren. Dort können Sie sich auch mit anderen Paaren über die Übungen in diesem Buch austauschen.

Geschlechtsspezifische Bezeichnungen

In der Regel verwende ich die männliche Wortform, obwohl ich die Sichtweise beider Geschlechter meine. Da es sich bei den nachfolgenden Texten um Interaktionen in einer Partnerschaft handelt, bei der beide Menschen Hauptpersonen sind, würde die ständige Wiederholung beider Geschlechtsformen zur Unübersichtlichkeit führen. Ich hoffe trotzdem, dass sich die lesenden Frauen im gleichen Maß wie die Männer angesprochen fühlen.

Im Übrigen wendet sich das Buch natürlich genauso an homosexuelle Paare wie an heterosexuelle Paare. Denn ich unterscheide mich von manch anderen Paartherapeuten darin, dass ich die Probleme in der Beziehung nicht im Unterschied der Geschlechter sehe, sondern im Unterschied der beiden Individuen in einer Partnerbeziehung.

Anleitung

Wenn Sie meine folgenden Vorschläge zur Nutzung des Buches beherzigen, werden Sie den optimalen Effekt erzielen:

♦ Wenn Sie die Anleitung zu Ende gelesen haben, dann legen Sie das Buch erst einmal zur Seite.

♦ Vereinbaren Sie ein Rendezvous[1] mit Ihrem Partner, um einen Abschnitt aus dem Buch gemeinsam zu lesen und die dazugehörigen Fragen zu beantworten.

♦ Sie sollten sich dafür ungefähr eine Stunde Zeit nehmen. Wenn die Zeit um ist, dann vereinbaren Sie das nächste Treffen oder machen einen regelmäßige Termin aus.

♦ Es ist sehr viel effektiver für die Entwicklung der Kommunikation in der Partnerschaft, wenn Sie sich regelmäßig zusammensetzen, als wenn Sie stundenlange Marathongespräche führen. Als zusätzlicher Vorteil kommt hinzu, dass »Routinegespräche« sehr viel weniger Abwehr nach dem Motto »Ach nein, muss das sein?« auslösen und dadurch weniger vermieden werden als »Krisengespräche«.

♦ Es ist sehr wichtig, dass Sie in dieser Zeit absolut ungestört sind. Schalten Sie den Fernseher aus, das Telefon und sonstige Störungsquellen. Es ist auch wichtig, dass die Kinder diese Intimität der Eltern respektieren oder dass Sie einen Zeitpunkt wählen, an dem Ihre Kinder nicht auf Sie angewiesen sind.

♦ Wenn einer von Ihnen schneller liest als der andere, dann kann es hilfreich sein, dass Sie Abschnitt für Abschnitt abwechselnd laut vorlesen, damit Sie während des Lesens den Kontakt zueinander nicht

---

1 Sie lächeln über diesen Begriff und finden ihn deplaziert, weil Sie seit Jahren mit Ihrem Partner zusammenleben und sich täglich sehen? Denken Sie zurück an die Zeit, als Sie beide sich zum Rendezvous verabredeten, um sich kennen zu lernen. Genau das haben Sie jetzt wieder vor!

verlieren. Außerdem kann es für Sie beide eine hilfreiche Übung sein, die Lesegeschwindigkeit des Partners kennen zu lernen. Bekanntlich haben beide Geschwindigkeiten, langsames und genaues oder schnelles und überblickendes Lesen, ihre eigenen Vorteile.

♦ Unterbrechen Sie häufig, um das gerade Gelesene zu diskutieren. Denken Sie bitte daran, dass es dabei nicht um Rechthaben geht, sondern um Kennenlernen. Deshalb müssen Sie sich auch nicht einigen, wenn Sie über das Gelesene unterschiedlicher Meinung sind.

♦ Bei der Diskussion des Textes werden Sie bald Bezüge zu Ihrer eigenen Partnerschaft entdecken. Wenn Sie diese Probleme diskutieren, kann es Ihnen passieren, dass Sie beide in Ihre übliche Pattsituation geraten. Dann machen Sie es am besten wie beim Schach: Wenn einer von Ihnen merkt, dass Sie dreimal hintereinander die gleichen Argumente ausgetauscht haben, dann lassen Sie bitte diese fruchtlose Diskussion einfach stehen. Wenden Sie sich wieder dem Buch zu und beginnen Sie so ein »neues Spiel«, bei dem Sie mehr Chancen haben voranzukommen.

♦ An verschiedenen Stellen im Text werden Sie aufgefordert, sich über bestimmte Themen Gedanken zu machen. In der Regel sollen Sie auch etwas mit einer schriftlichen Notiz ergänzen. Sie werden schnell merken, dass es einen großen Unterschied macht, ob man etwas nur ausspricht oder ob man es aufschreibt.

♦ Es bleibt Ihnen überlassen, ob Sie die geschriebenen Texte oder die angekreuzten Antworten austauschen und wie ausgiebig Sie darüber gemeinsam diskutieren wollen. Es bleibt auch Ihnen überlassen, welche Fragen Sie beantworten wollen und welche weiteren Fragen Ihnen selbst zu den Texten einfallen. Greifen Sie die Diskussionsangebote nur auf, wenn Sie beide darüber reden wollen. Gespräche gegen den Willen eines der Gesprächsteilnehmer können nur negativ ausgehen. Denn dann wird dieser automatisch zum Gesprächsgegner statt zum Gesprächspartner.

♦ Manchen Vorschlägen können Sie nur nachkommen, wenn Sie etwas eine Woche lang beobachten. Das ist in der Regel eine gute Stelle, um das Lesen zu unterbrechen. Aber Sie können auch an jeder anderen Stelle unterbrechen. Der Orientierungspunkt ist in allen Fällen die Zeit, d.h. nach einer Stunde sollten Sie auf jeden Fall unterbrechen.

- Manche Vorschläge zielen darauf ab, dass Sie Antworten in Ihr Buch eintragen, die sich besonders dafür eigenen, Ihre Erfahrungen mit anderen Paaren auf www.couplecoaching.de auszutauschen.
- Sie werden sehr schnell merken, dass dieses Buch einen hohen Anspruch an Ihre Bereitschaft stellt, sich Ihrer Partnerschaft zu widmen. Es wird Ihnen am Anfang sicherlich schwer fallen, die dargestellten Gedankengänge nachzuvollziehen, aber ich bin mir sicher, dass es Ihnen immer leichter fallen wird, wenn Sie sich in die Denkweise dieses Buches eingelesen haben. Wie jedes Erlernen eines neuen Sports, eines Musikinstruments oder einer neuen Sprache ist aller Anfang schwer. Bei den ersten Übungen kann man gar nicht verstehen, dass manche so begeistert sind von diesem Sport oder diesem Instrument. Aber wenn Sie mit der Zeit den Nutzen Ihrer zeitlichen und anstrengenden Investition in Form einer zufriedeneren Partnerbeziehung erleben, dann werden Sie mit der gleichen Begeisterung in die Rendezvous gehen, wie Sie jetzt Ihr Hobby verfolgen.
- Und last, but not least: Das Ziel ist nicht, das Buch in kürzester Zeit »durchzuarbeiten«, sondern möglichst viel über die eigene Beziehung zu erfahren.

Beziehungsbarometer

Das Buch »www.couplecoaching.de« können Sie auch als Beziehungsbarometer verwenden. Hier ein paar Tipps zur Umsetzung:

- Wählen Sie gemeinsam einen Platz aus, an dem Sie Ihre beiden Bücher aufbewahren. Es sollte eine Stelle sein, wo die Bücher mit ihrer Titelseite nebeneinander liegen können.
- Wenn sich die zwei Herzhälften ergänzen, dann steht das Barometer auf ein Beziehungshoch, wenn die beiden Hälften voneinander weggedrängt werden, dann ist die Beziehung in einem – hoffentlich vorübergehenden – Tief. Sie können auch noch verschiedene Abstufungen vornehmen, z.B. die Bücher näher oder weiter auseinander legen.
- Es ist Ihrer beider Kreativität überlassen, auf welche Weise Sie das Barometer jeweils justieren wollen. Hier ein paar Vorschläge:

◇ Jeder von Ihnen kann die Reihenfolge der Bücher verändern, wenn sich sein Gefühl von hoch nach tief oder umgekehrt verwandelt.

◇ Sie wechseln sich wöchentlich dabei ab, wer die Einstellung vornimmt.

◇ Sie einigen sich jeden Abend bzw. jede Woche über den Stand des vergangenen Tages bzw. der vergangenen Woche.

◆ Besonders bei der letzten Methode können Sie auch eine Beziehungskurve anlegen. Tragen Sie dazu auf ein kariertes Blatt ein, wie sich das Beziehungsgefühl im Verlauf der Zeit verändert hat.

Wenn Sie glauben, eine besonders hilfreiche Methode gefunden zu haben, dann teilen Sie doch Ihre Idee mit den anderen Lesern auf der Internetseite von www.couplecoaching.de.

Wie eine kleine schwarze Tasche fast eine Ehe zerstören konnte ...

Mit Annemarie und Anton habe ich ein Coachinggespräch geführt. Sie wollten herausfinden, wer von ihnen Recht hat. Nun, ja – ganz so naiv sind die beiden natürlich nicht. Sie wissen, dass es nur darum gehen kann, aufzuzeigen, wie sie sich in der Partnerbeziehung unabsichtlich immer wieder auf die Füße treten. Mit anderen Worten wollen die beiden herausfinden:»Was ist unser Beziehungstanz?«Nachfolgend können Sie mehrere Coachinggespräche nachlesen, die ich mit den beiden geführt habe. Versuchen Sie, herauszufinden: Was macht Anton, so dass Annemarie nur so erwidern kann, worauf Anton wiederum reagieren muss usw.? Ich hätte natürlich auch andersherum beginnen können.

In den Notizen am Rand können Sie meine Gedanken lesen, die ich mir in der Sitzung oder danach gemacht habe. Die Bemerkungen sind Überlegungen zum aktuellen Ablauf des Gesprächs. Damit Sie den Gesprächsfluss nicht verlieren und sich eine eigene Meinung zu dem Paar machen können, schlage ich vor, dass Sie zuerst den Dialog ohne meine Bemerkungen lesen und dann nochmals mit meinen Gedanken zu dem Gespräch. Glauben Sie, ich habe etwas übersehen? Habe ich etwas fälschlich hineininterpretiert, das so nicht gemeint war? Ihre Ansicht können Sie auf der Website www.couplecoaching.de kund tun. Vielleicht sehen es andere Paare wie Sie beide.

Nach jedem Gesprächsabschnitt können Sie einen kurzen Aufsatz lesen, der eine Perspektive meines Denkansatzes darstellt. Ich verdeutliche meine Sichtweise in der Regel mit Metaphern. Diese Vergleiche sind in sich abgeschlossen und können ohne den Protokolltext der Sitzungen gelesen werden. Ich werde das gleiche Beziehungsthema, in den verschiedenen Denkanstößen, immer wieder von einer anderen Perspektive betrachten, damit die Paardynamik in seiner vollen Tiefe erkennbar wird. Mehr darüber auf Seite 75.

Sitzung 1

Vorschlag 1 | Bevor ich beginne, Ihnen über Annemarie und Anton zu berichten, hätte ich noch eine Frage an Sie beide:

Wer von Ihnen hat sich mehr darum bemüht, dass Sie sich jetzt mit diesem Buch beschäftigen?

♦ Tauschen Sie sich zuerst verbal darüber aus.
♦ Tragen Sie danach Ihre Meinung in Ihr Buch ein.

    ○ Ich habe mich mehr darum bemüht.
    ○ Dir ist es zu verdanken, dass wir jetzt diese Chance nutzen.

♦ Tauschen Sie jetzt die Bücher aus.
♦ Spüren Sie einen Unterschied dabei, die Antwort des Partners schriftlich zu sehen, statt nur verbal zu hören?
♦ Tauschen Sie die Bücher wieder zurück.

Sollten Sie durch diese Frage in einen Wettkampf darüber eingetreten sein,
♦ wer sich mehr durchgesetzt,
♦ wer immer alles für die Beziehung tut,
♦ wer ständig beim anderen betteln muss,
♦ wem alles wichtiger ist als die Beziehung,

... dann denken Sie daran:
Das gewinnende Team bekommt den Pokal, egal wer die Tore geschossen hat, aber ...

... das Team, das sich ständig um den Ball streitet, schafft es nie bis zum Pokal!

Auch wenn es manchmal anders wirkt: Sie beide sind ein Team, das Ihrer beider Partnerbeziehung zum Sieg verhelfen will. Wenn Sie beide es nicht tun, gibt es niemanden, der es für Sie tun wird!

Beginnen Sie nun gemeinsam, den Text zu lesen, und versuchen Sie, dabei das Teamgefühl aufrecht zu erhalten. Lassen Sie sich nicht davon irritieren, wenn Ihr Partner sich manchmal »dumm anstellt« oder »die einfachsten Dinge« nicht versteht. Denken Sie daran, dass es darum geht, dass Ihre Beziehung gewinnt und nicht einer von Ihnen gegen den anderen.

Bei manchen Themen wird es Ihnen vielleicht besonders schwer fallen, den Teamgeist aufrecht zu erhalten. Wenn Sie merken, dass es gar nicht mehr weitergeht, lassen Sie auch einmal ein Thema stehen. Kommen Sie aber unbedingt später darauf zurück. Der Konfliktpunkt bleibt Ihnen nämlich auf jeden Fall treu. Er wird wie ein braver Hund auf Sie warten, bis Sie sich ihm wieder zuwenden. Wenn Sie jedoch meinen, man könnte ihn einfach vergessen, dann kann das Problem sehr »bissig« werden. Wenn Sie sich dann darüber im Konflikt verbissen haben, wird es Ihnen beiden sehr viel schwerer fallen, zu einer Lösung zu kommen.

Sitzung 1, Szene 1

Anton: Sie sagte mir, sie stört es fürchterlich, dass ich zum Reitturnier [er lacht verlegen] meine schwarze Aktentasche mitnehme und darin gelegentlich[1] was lese. Es würde sie nicht stören, wenn ich die Zeitung lesen würde, aber offenbar stört es sie sehr, wenn ich Dinge lese ... na gut, sie hat sich speziell auf die Firma bezogen. Die schwarze Aktentasche wird nicht gerne gesehen auf dem Reitturnier. [zögernd] Jetzt ... sag ich mal, wann habe ich denn eigentlich gelesen? Ich erzähle jetzt einmal, wie das so war: Meine Frau und meine Tochter sind weggegangen, und ich blieb beim Auto zurück. Ich habe erst gar nicht gemerkt,[2] dass sie weggegangen sind Sie kamen auch eine ganze Weile nicht wieder [erzählt fast genüsslich]. Ich habe mir halt einen Stuhl aus dem Auto geholt, meine Aktentasche ausgepackt und angefangen, zu lesen. Sonst hatte ich ja nichts zu tun. Dann kam meine Frau wieder. Ich habe die Aktentasche wieder eingepackt und ins Auto getan. So, nun scheint es sie also, dass ... dass ich während ihrer Abwesenheit lese, ganz fürchterlich zu stören.[3] Hmm, unser Gespräch ist dann eine Zeit hin und her gegangen, wie das genau war, weiß ich jetzt auch nicht. Es ist auf jeden Fall eskaliert und dann hat sie am Ende gesagt [mit Betonung der einzelnen Worte]:»Sollten wir noch jemals in Urlaub miteinander fahren, dann ... und du nimmst diese schwarze Aktentasche mit, dann fahr ich nicht mit«.[4] Ich hab dann etwas laut und hitziger dazu gesagt:»Also das ist doch alles künstlich hergebrachtes Zeug«.[5] Oder so ähnlich. Und dann war die Besprechung beendet.

1 »gelegentlich«, ob sie das wohl auch so einschätzt?

2 Aber vielleicht hat seine Frau gemerkt, dass er es nicht gemerkt hat.

3 Lesen, wenn der andere nicht da ist, ist nicht schlimm. Aber vielleicht interpretiert sie dieses Verhalten ganz anders?

4 Da muss etwas sehr Bedrohliches in der Aktentasche sein ...

5 ... und dafür scheint er blind zu sein.

Ich möchte sein, wo du bist

Ein Lehrer fragt ein Kind in der Schule:»Na, wo bist du denn gerade?« Natürlich weiß der Lehrer, dass das Kind vor ihm in sitzt. (Aber Lehrer fragen eben oft nach Dingen, die sie wissen.) Die Nachfrage des Lehrers zielt nicht auf die körperliche Anwesenheit, sondern auf die geistige.

Es ist eine alte philosophische Frage, ob man an der Stelle»ist«, an der man sich gerade körperlich befindet, oder dort, wo man sich in seinen Gedanken aufhält. Eine Definition des Optimisten und des Pessimisten veranschaulicht diesen Unterschied sehr schön: Zwei Männer in einer Zelle schauen aus dem Fenster. Der Optimist sieht die Vögel durch die Lüfte fliegen, der Pessimist sieht die Gitterstäbe.

Der Schüler, der nur ungern in die Schule geht, lässt seinen Körper auf der Schulbank sitzen und wandert geistig auf den Spielplatz. Der Lehrer, dem die körperliche Anwesenheit nicht genügt, versucht, das Kind wieder in den Unterricht zurückzuholen.

In der Partnerschaft geht manchmal einer der Partner in die innere Emigration, wenn die äußere auf Grund der Lebensumstände nicht möglich ist. Sein Körper wohnt zwar noch in der gemeinschaftlichen Wohnung, aber sein Geist ist schon längst ausgezogen. Wenn das der Fall ist, kann der andere Partner zwar auf den ehelichen Pflichten bestehen – damit ist nicht nur die sexuelle Pflichterfüllung gemeint –, aber glücklicherweise ist der Geist frei und kann nicht gezwungen werden.

Wer sich in einer Partnerbeziehung einsam fühlt, kann entweder den Partner zu sich zurück kommandieren oder ihn dort abholen, wo er gerade ist. Entscheiden Sie selbst, welche Methode Sie für Erfolg versprechender halten. Genau dies formulieren die Backstreet Boys im Song»Show Me The Meaning Of Being Lonely«:»Tell me, why I can't be there where you are?«, also»Sag mir, warum ich nicht dort sein kann, wo du bist.« Ein simpler Popsong einer viel geliebten und geschmähten Gruppe zeigt, wo es in einer Beziehung weitergehen könnte. Man kann diese Frage als einen Wunsch begreifen, den Partner abzuholen aus der Welt, in die er sich entfernt hat.

Vorschlag 2 | Aber kommen wir zu Annemarie und Anton zurück. Bevor Sie weiter über den Verlauf der Sitzung lesen, überlegen Sie zunächst, wie die Situation von Annemaries Standpunkt wohl aussehen mag. Was werden ihre Argumente in diesem Konflikt sein?

○ Was Anton sagt, erscheint mir so eindeutig, dass ich mir gar nicht vorstellen kann, dass Annemarie ein rechtfertigendes Argument haben kann.

○ Ich kann es zwar nicht formulieren, aber ich spüre, dass Anton etwas in seiner Erzählung auslässt.

 Ich vermute, Annemarie beklagt sich, dass ...

Sitzung 1 Szene 2

Wilchfort: Hat er etwas von Ihrem Wunsch verstanden? Irgendetwas?[1]

Annemarie: Nein.

W: Null?

Sie: [betont] Null.

W: Woran lag das? Lag das an den Ohren?

Sie: An den Ohren nicht. Das war nicht akustisch.

W: Sondern?

Sie: Ich meine, er hat zum Schluss gesagt: »Ich weiß gar nicht, was du überhaupt willst. Bist du eifersüchtig[2] auf die Aktentasche?« Und darauf habe ich natürlich sofort gesagt: »So ein Blödsinn.« Aber später, abends, habe ich dann noch einmal darüber nachgedacht. Und ich glaube, so weit hergeholt ist das gar nicht. Insofern kann man das schon ... ich weiß nicht, ob Eifersucht das richtige Wort ist,[3] aber in die Richtung geht das vielleicht.

W: Konkurrenz auf jeden Fall.

Sie: Konkurrenz, ganz starke Konkurrenz. Und ich meine, diese Androhung, die ich da gemacht habe, dass ich nicht mit in den Urlaub fahre. Diese Tasche geht regelmäßig seit 25 Jahren mit in den Urlaub, und ich habe das immer mitgemacht. Beim letzten Mal habe ich mir eben gesagt, ich mache es nicht mehr. Dann bleibe ich lieber zu Hause. Und das habe ich ihm gestern ganz deutlich gesagt. Und vielleicht liegt es daran – das ist meine spätere Interpretation dieses ganzen Gesprächs: [Die Stimme wird immer höher im Ton] Mein Mann ist ja im Prinzip immer nur teilweise für mich da, nie

[1] Das ist zwar provokativ, aber nur so wird der Unterschied zwischen den Sichtweisen deutlich. Eine provozierende Frage dient dazu, einen abgelegten Gedanken bzw. eine Überzeugung nochmals hervorzuholen und vielleicht zu neuen Ergebnissen zu kommen.

[2] Er weiß mehr, als er selbst glaubt.

[3] Wir haben zumindest jetzt einen Begriff. Nun müssen wir noch eine gemeinsame Bedeutung finden.

ganz. Und noch nicht einmal auf solchen Veranstaltungen wie familiären Ausflügen und Urlauben, selbst da[4] muss ich noch irgendwo Abstriche machen und teilen. Und daran scheint es, glaube ich, zu liegen. [Sie wirkt zufrieden mit der Erkenntnis.] Das habe ich mir dann anschließend überlegt, ich glaube, das ist es.

W: [an ihn gerichtet] Das ist jetzt neu für Sie?

Er: Ja. [betroffen][5]

4 Höre ich da ein Weinen in der Stimme? Es gibt ein Weinen ohne Tränen, das man an dem Ton in der Stimme, der Mimik und den verwendeten Worten erkennen kann.

5 Ich glaube, wir sind gerade ein großes Stück weitergekommen

Kennen oder kennen lernen

Auf der Internetseite von COUPLECOACHING habe ich eine Blitzumfrage gemacht mit der Frage:»Hätten Sie lieber einen Partner, der Sie kennt, oder einen, der Sie kennen lernen will? Bevor Sie weiterlesen, überlegen Sie sich, was Sie angekreuzt hätten und tragen es ein:

Hätten Sie lieber einen Partner,
○ der Sie kennt oder
○ der Sie kennen lernen will?

76% der Umfrageteilnehmer haben sich für die zweite Alternative entschieden. Ich vermute, dass das Ergebnis ganz anders ausgefallen wäre, wenn ich die Frage gestellt hätte:»Hätten Sie lieber einen Partner, der Sie kennt oder der Sie nicht kennt?« Es ist die Bereitschaft, vom Partner kennen gelernt zu werden, die diese Alternative attraktiv macht.

Der Satz»Ich kenne Dich« kann zwar auch in einem positiven Ton ausgesprochen werden, aber in der Regel ist er eher als abfällige oder zumindest kritische Bemerkung gedacht.»Kennen lernen wollen« dagegen beinhaltet die Bereitschaft, sich um den Partner zu bemühen. Wenn man Empfänger dieses Bemühens ist, dann kommt es nicht darauf an, dass der andere die jeweils richtige Antwort findet. Es gelten andere

Kriterien als in einer Prüfung. Vielmehr ist es der Prozess, vom Partner genau wahrgenommen zu werden, der Jedem gut tut.

»Unsere Meinung, dass wir das andere [Schweizerdeutsch für »den anderen«] kennen, ist das Ende der Liebe«, schreibt Max Frisch, in seinem Tagebuch.[1] Solange die/der andere ein Rätsel für den Partner ist, bleibt die Beziehung lebendig. Das Erreichen eines Ziels bedeutet in der Natur immer den Tod. Leben dagegen ist ein ständiger Entwicklungs- und Veränderungsprozess.

Die Frage ist nicht, ob die/der andere tatsächlich ein Rätsel ist, sondern ob man auf das Rätsel, das der Partner darstellt, noch neugierig ist. Zum einen kann man einen Menschen nie ganz verstehen, und zum anderen verändert sich jeder Mensch ständig. Deshalb kann die Frage »Wer bist Du?« nie als gelöst zur Seite gelegt werden, sondern nur als zu schwierig oder als uninteressant. Wenn man dies jedoch tut, dann kann es leicht passieren, dass sich der Partner, zusammen mit der Frage, abgelegt fühlt.

Der bekannte Schweizer Paartherapeut und Forscher Jürg Willi sagte auf einem Vortrag in Würzburg im Oktober 2000: »Menschen entwickeln sich öfter durch einen Partner, als durch eine Therapie.« Wenn sich ein Paar am Anfang einer Beziehung zusammenrauft, dann bedeutet dies für beide Partner eine große Entwicklungschance, um eventuelle »Knoten«, die in der Kindheit entstanden sind, gemeinsam zu entwirren. Wer diese Möglichkeit verpasst, der muss die Entwicklung oft in einer aufwändigen Einzeltherapie zu einem späteren Zeitpunkt nachholen. Denn eine gute Partnerschaft kann die persönliche Entwicklung enorm vorantreiben und sogar manche Neurosen auflösen, die sonst nur mit einer aufwändigeren Einzeltherapie zu beheben wären.

Das gemeinsame Ringen eines Paares, seine individuelle Form der Beziehung und Partnerschaft zu gestalten läuft in der Regel intuitiv und ungeplant ab. Die Voraussetzung, um diesen Wachstumsprozess zu ermöglichen, ist die Bereitschaft beider Partner, aufeinander neugierig zu

1 Tagebuch 1946–1949, Frankfurt/M. 1985, Seite 27

sein. Diese Form der Neugierde beinhaltet ein beteiligtes Interesse für den anderen.

Man sollte sich immer wieder klar machen: Mein Partner ist mein engagiertester Kritiker, und deshalb ist er mir eine wertvolle Hilfe in meinem Entwicklungsprozess. Damit will ich natürlich nicht sagen, dass jede Beanstandung des Partners unkritisch akzeptiert werden soll. Aber die Störungsmeldungen des Partners können ein hilfreicher Denkanstoß sein. Der Hinweis des Partners ist eine Chance, etwas Neues bei sich selbst zu entdecken.

Anton sagt im obigen Dialog, dass Annemaries Gedanken für ihn neu sind. Das ist genau der Moment, wo in einem Couchinggespräch der Entwicklungssprung gemacht wird. Für mich klang Antons Antwort glaubhaft und überzeugend. Er hat in diesem Moment etwas verstanden. Ich denke, in so einem Gespräch, in dem man über die Beziehung redet und nicht in der Beziehung streitet, können manchmal Empfindungen in einer Weise ausgesprochen werden, die nicht nur als Vorwürfe beim anderen ankommen (die er natürlich gleich parieren muss), sondern man kann wirklich etwas Neues vom Partner erfahren. Ich bin mir nicht sicher, aber ich glaube, dass auch Anton die Traurigkeit in der Stimme seiner Frau gehört hat – vielleicht zum ersten Mal so bewusst.

Jetzt kommt es noch darauf an, dass Annemarie merkt, dass sie gesehen wurde.

Vorschlag 3 | Wie würden Sie nach dem Lesen des vorangegangenen Textes die Blitzumfrage beantworten?

Hätten Sie lieber einen Partner,
○ der Sie kennt oder einen,
○ der Sie kennen lernen will?

 Ich denke darüber jetzt, dass ...

Sitzung 1 Szene 3

Er: So rein ..., ich würde sagen, rein ... sachlich[1] betrachtet: Sie war überhaupt nicht da,
als ich irgendwas gelesen habe. Ich meine,
an ihrer Stelle hätte ich vielleicht gesagt:
»Na liest du schon wieder was?«, oder so.
Ich hätte nicht erwartet, dass man sich der-
maßen darüber aufregen kann.

W: *Sie* waren nicht da, als sie gelesen haben.[2]

Er: [korrigierend] Meine Frau war nicht da.

W: Könnte ja auch sein, dass ihre Frau denkt,
Sie waren nicht da, ... [leise] wo sie war.

Er: Ja gut, ich hab ja gar nicht gemerkt, dass
die weggegangen sind. [schwenkt im Ton
von widerstrebend zu einsichtig ohne den
Redefluss zu unterbrechen – ein Moment
der unfreiwilligen Komik] Ich weiß ja, was
Sie meinen. [Sie bricht ganz laut in Lachen
aus, dann stimmen alle mit ein.]

1 Er hat Recht, wenn er
es zögernd ausspricht.
Diese Sichtweise ist
nicht hilfreich. In einer
Partnerbeziehung ist die
sachliche Betrachtung
selten möglich. Es geht
in der Regel immer um
zwei Eindrücke.

2 Ich muss nochmals
provozieren, um ihm
eine neue Bedeutung
der Zusammenhänge zu
ermöglichen.

Das Gefängnis der eigenen Sicht

Die Art des Lachens zeigt, dass ein Wechsel der Sichtweisen bei Annemarie und Anton stattgefunden hat. Sie haben ein neues Verständnis des gemeinsamen unsinnigen Verhaltens gefunden und sind erleichtert, dass sie jetzt darauf verzichten können. Jeder Partner hat zunächst seine Sichtweise. Das ist ganz natürlich, denn jeder Mensch braucht eine Basis für sein Handeln. In einer Partnertherapie geht es darum, die verschiedenen Sichtweisen zu sammeln und daraus, wenn möglich, eine neue gemeinsame Perspektive zu gestalten. Dazu ist es nötig, an der jeweils alten zu rütteln, damit der Betroffene diese loslassen kann.

In der Literatur über den »Witz« gibt es folgende These: Ein unerwarteter Wechsel in der Sichtweise einer Erzählung löst den Humorkitzel aus. Wenn wir etwas, das wir immer schon *so* gesehen haben und von dem wir implizit dachten »Das kann man nur so sehen«, durch eine plötzliche Wendung der Geschichte zwingend anders, d.h. neu, sehen müssen, dann löst unsere vorangegangene Unwissenheit das Gelächter über uns selbst aus. Es ist, als wären wir von unserer alten Sichtweise entbunden worden, und das äußert sich in dem befreienden Gelächter. Wir freuen uns über die gewonnene Freiheit, aus dem Gefängnis unserer Verbohrtheiten entkommen zu sein.

Im Fall der neuen Sichtweisen in der eigenen Partnerbeziehung lässt uns die Öffnung der jeweilige Zellentür zum einen erleichtert auflachen, zum anderen sind wir froh, dass jetzt der Weg frei ist, sich nochmals als Paar zu treffen. Denn wenn die beiden Zellentüren offen sind, hat das Paar die Chance, sich wieder direkt zu begegnen.

Wenn Paare streiten, bringen sie in der Regel immer die gleichen Argumente. Sie werden oft wörtlich wiederholt, oder zumindest sind es inhaltlich die gleichen Begründungen für das eigene Verhalten, die aufgezählt werden. Beide rütteln in der »Streitzelle« mit voller Kraft immer an den gleichen Gitterstäben. Wenn man den Partnern klar machen kann, dass sie sich einmal umdrehen sollen, dann können sie die offene Zellentür entdecken. Kein Wunder, dass sie beide bei der Entdeckung erleichtert lachen müssen.

Vorschlag 4 | Versuchen Sie, sich an eine Situation zu erinnern, bei der es »Klick« gemacht hat und Sie daraufhin beide plötzlich zu einer neuen gemeinsam Sichtweise gelangt sind.

Widerstehen Sie der Versuchung ganz schnell zu reagieren, indem Sie sagen: »Das hat es bei uns noch nie gegeben!« Es kann sein, dass Sie länger darüber nachdenken müssen. Es kann auch sein, dass diese Situation schon sehr lange zurückliegt, aber es ist unwahrscheinlich, dass es diese Art der Situation nicht einmal in Ihrer Kennenlernphase gegeben hat.

Tipp: Wann haben Sie das letzte Mal herzhaft gemeinsam über einen unsinnigen Streit gelacht?

○ Diese Situation hat es bei uns nie gegeben.

 Wir konnten aus der »Streitzelle« ausbrechen, als wir merkten ...

Sitzung 1 Szene 4

W: Warum haben Sie ihm nicht gesagt: »Ich würde mir wünschen, dass du morgen die Tasche nicht mitnimmst.« Oder etwas in der Art?[1]

Sie: Das habe ich schon zehnmal gesagt, das bringt nichts.

W: Also Sie haben ...

Sie: ... Ich habe ihm das auch schon gesagt, und dann hat er ... das so gemacht, dass ich erst gemerkt habe, als wir da waren, dass die Tasche da war. [Er verzieht das Gesicht erstaunt »Hmm ... na gut.«] Da komme ich nicht drum herum. Ich habe es ihm einmal schon vor'm Urlaub gesagt.

W: Einmal?

Sie: Mehrmals. Einmal habe ich ganz wichtig[2] gesagt [spricht jedes Wort sehr deutlich aus]: »Also wenn du jetzt die Tasche mitnimmst, fahr ich nicht mit.« Und sie war nicht sichtbar, und hinterher war sie doch da. Deshalb habe ich gestern gedacht, jetzt mache ich keinen Stress, bevor wir fahren. Das können wir heute Abend erledigen.

W: [zu ihm] Ihre Frau meint, Sie hätten sie hintergangen?[3]

Sie: Ja.

Er: Daran kann ich mich nicht erinnern, ... dass ich die Tasche mitgenommen hätte, ... aber [etwas zögernd] vorstellen könnte ich es mir schon. Also ich weiß nicht ...

W: Trauen Sie sich das zu?

Er: Ja. [unter Lachen] Also nur ... weil meine Frau sagt, du lässt die Tasche zu Hause oder du nimmst jetzt die Schuhe nicht mit, um auf etwas anderes zu kommen ...

[1] Ich muss erfahren, was nicht funktioniert, um Alternativen zu entwickeln.

[2] Sie hat es nur deutlicher ausgesprochen, aber Fremdwörter werden dadurch eben nicht verständlicher.

[3] Ich spreche aus, was sie in den Raum gestellt hat.

Sie: [unterbrechend] Ne, ne um Schuhe geht es nicht.

Er: Ja, ja.

W: ... die Freundin nicht mit, zum Beispiel.[4]

Sie: [aufgeregt] Ja genau. Das ist eine sehr, sehr gute Metapher.

Er: [leicht empört] Ja also, das ist außer der Diskussion.

Sie: [nochmals betonend] Nein, nein, das ist die Freundin.

W: Ihre Frau bringt sie in die Diskussion. Für Sie ist es nicht dasselbe, ich weiß das schon, aber vielleicht für ihre Frau? [kurze Pause] Tja, es gibt sehr viele Familien, wo das so zu geht: Der Mann sagt [empört, einen betrügenden Ehemann imitierend]: »Nein ich seh' die nicht mehr, ich ruf die auch nie wieder an.«[5] ... Und dann kontrolliert die Ehefrau das Handy und stellt fest, dass er sie schon wieder angerufen hat.

4 Jetzt werde ich noch deutlicher, damit das Thema in seiner tieferen Bedeutung ohne weitere Umschweife angesprochen werden kann.

5 Die Gewalt des Hintergehens – ein weites Thema ...

33

Vase oder zwei Gesichter?

Jetzt wird deutlicher, welchen Stellenwert die schwarze Tasche für beide darstellt. Für jeden ist seine Perspektive so eindeutig, dass beide es gar nicht für nötig halten, ihre jeweilige Sichtweise zu erläutern.

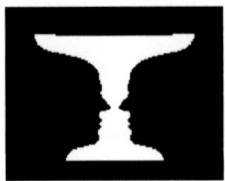

Wenn Sie das obige Vexierbild (Wechselbild) ansehen, dann ist es für Sie entweder das Bild einer Vase oder zweier Gesichter, die sich ansehen. Manche Menschen sehen spontan die eine Gestalt und manche die andere. Beide Interpretationen sind natürlich gleich »richtig«.

Nehmen wir an, Sie beide bekämen das Bild nur für ein paar Sekunden zu sehen. Nehmen wir zusätzlich an, dass Sie Ihr jeweiliger erster Eindruck zu einer unterschiedlichen Interpretation der Linien führen würde. Wenn Sie beide sich über das Bild unterhalten würden, dann kämen Sie leicht in einen Streit. Sie würden beide mit der Inbrunst der Überzeugung Ihre jeweilige Gestalt verteidigen. Jeder würde dies mit absoluter Überzeugung tun. Niemand könnte es Ihnen übel nehmen, dass Sie auf Ihrer Sichtweise bestehen, weil Sie ja tatsächlich nur Ihre Sichtweise gesehen haben.

Kein Argument des Partners würde Sie überzeugen, und keines Ihrer Argumente könnte dem Partner ermöglichen zu erkennen, dass es doch anders war, als er es gesehen hatte. Sie wären beide hilflos in einen Streit verwickelt, in dem Sie beide die »Wahrheit« sagen und jeder dem anderen die Lüge unterstellt. Da Sie Ihr »jeweiliges Bild« so eindeutig gesehen haben, muss Ihnen die Reaktion Ihres Partners als böswillige Verdrehung vorkommen. Verständlicherweise werden Sie beide empört über den anderen sein, und es wird Ihnen unmöglich sein, einzulenken. Dem anderen Recht zu geben, würde bedeuten, seine eigenen Sinne in Frage zu stellen. Das ist für jeden Menschen eine Überforderung.

Aber genau in dieser Situation befinden sich Annemarie und Anton. Jeder hat sein eigenes Erleben der gleichen Situation, und nun streiten sie, welche der beiden inneren Gestalten richtig ist. Jeder sieht etwas anderes, wenn er die schwarze Tasche erblickt.

Für Annemarie ist es selbstverständlich, dass sie die Aktentasche als Konkurrentin erlebt und meint, es nicht erläutern zu müssen. Für Anton hat die Tasche nichts mit der Partnerbeziehung zu tun, sondern mit seiner persönlichen Zeit, und er empfindet jeden Bezug zur Beziehung als weit hergeholt. So streiten die beiden um eine Tasche, wenn sie jeweils eigentlich ganz andere Dinge meinen. Jeder steht den Argumenten des anderen deshalb hilflos gegenüber. Aber dahinter müssen sie erst kommen.

Als nächsten Schritt müssen beide Partner dem jeweils anderen, die fehlende Sichtweise vermitteln. Wenn man einmal das Gesicht und dann die Vase sieht, dann macht jeder Streit über das, was »wirklich« dargestellt wird, keinen Sinn mehr.

Jetzt können Sie beide dazu übergehen, zu erklären, was Ihnen an der Figur ermöglicht, *Ihre* Gestalt zu sehen. Sie können sagen: »Diese Kurve sieht wie ein Mund aus, und hier kann man die Nase hervorstehen sehen«, während der andere erklärt: »Hier ist für mich der Kelch und hier die Ringe auf dem Stiel.«

35

Vorschlag 5 | Gehen Sie mit Ihrem Partner auf die Suche nach Vexierbildern in Ihrer Partnerschaft. Welches Ding in Ihrem gemeinsamen Leben wird von Ihnen beiden immer unterschiedlich benannt?

Wenn Sie sich auf Ihre »schwarze Tasche« geeinigt haben, dann beschreiben Sie die hervorstechenden Eigenschaften des Objekts, die Ihnen den Eindruck vermitteln, den Sie haben.

Tipp: Wenn Sie nicht gleich fündig werden, dann schauen Sie sich im Raum einmal um. Wer von Ihnen nennt die Couch, auf der Sie sitzen, »kuschelig« und wer nennt sie »klobig«?

 Unsere »schwarze Tasche« ist ...

Sie nennt es ...

Er nennt es ...

Sitzung 1 Szene 5

Er: Ich habe vorhin schon mal gesagt, ich fühle
   mich da bevormundet, oder ... [1]
W: Genau!
Er: ... oder irgendwie sonst wie ... Also ich
   weiß verdammt noch mal nicht [wird etwas
   lauter und empört], warum ich im Urlaub
   nicht etwas lesen soll, das ich gerade lesen
   möchte. Ob das nun aus der Tasche
   kommt oder ob das ein Karl May Roman
   ist.
W: [ernst] Das sagen manche Männer über
   ihre Freundinnen auch. [2]
Er: [Nach kurzem Zögern lacht er wie über
   einen nebensächlichen Witz.] Ich weiß
   nicht, was das für ein Vergleich ist, für
   mich jedenfalls ist das weit hergeholt.
W: Tja, für Ihre Frau nicht ... scheint mir.
Er: ... [leise, nach Zögern] Gut.
W: Ja, und das ist wichtig, für Sie zu wissen.[3]
   Es hat ja nichts mit rationalen Dingen zu
   tun, sondern es hat mit Gefühlen zu tun.
   Es könnte auch sein, dass es ihr nichts
   ausmachen würde, aber dem ist nicht so,
   sie fühlt sich im Stich gelassen ... offensichtlich.

1 Jetzt kann Anton seine
Empfindungen und
nicht nur die »Tatsa-
chen« aussprechen,
nachdem Annemaries
Gefühle beim Namen
genannt wurden.

2 Wir müssen beim
eigentlichen Thema
bleiben.

3 Es geht nicht um einen
Vorwurf an ihn, sondern
um Aufklärung.

Hinter der schwarzen Tasche

Ich vermute, wenn einer der beiden dieses Thema mit einem Freund besprechen würde, dann bekämen Annemarie oder Anton immer Recht. Beide könnten ihren Standpunkt nachvollziehbar vertreten. Viel schwieriger wird es für den Zuhörer, wenn er beide Seiten hört. Jetzt kann man nicht so schnell einem der beiden Recht geben. Man spürt, beide Anliegen sind berechtigt. Die natürliche Reaktion in so einer Situation ist zu sagen:»Ihr werdet Euch doch wegen so einer Lappalie nicht ernsthaft streiten. Das ist doch nicht so wichtig.« Tatsächlich, die Tasche als solche ist nicht wichtig, aber dafür das Selbstwertgefühl, das für beide mit der Situation verknüpft ist.

Wenn ein Paar sich um den berühmten liegen gelassenen Verschluss der Zahnpastatube streitet, dann hört es sich so an, als wäre dieses kleine Stück Plastik eines der wichtigsten Dinge auf der Welt. Wer aber genauer hinhört, kann erkennen, dass es eigentlich (das Wort ist hier bewusst verwendet) um etwas viel Größeres geht.

Hört man nur auf den Inhalt der Argumente, kann man den Eindruck bekommen, beide setzen alles daran, ihre jeweilige Sichtweise über die Notwendigkeit des Schließens oder nicht Schließens einer Zahnpastatube überzeugend darzustellen. Wenn man jedoch genauer hinhört, geht es in der Regel um den Wunsch, vom Partner in der eigenen Denkweise akzeptiert zu werden. Dieser Wunsch repräsentiert das Streben, als Mensch vom Partner geschätzt zu werden. Das ist das Thema, um das es eigentlich geht. Die Zahnpastatube dient nur als Mittel zum Zweck.

In der Regel ist den beiden Streithähnen diese tiefere Bedeutung wenig bewusst, und sie glauben tatsächlich beide, dass sie sich um den richtigen Umgang mit der Zahnpastatube streiten. Kein Wunder, dass beide sich am Ende über sich selbst ärgern, dass»so eine dumme Zahnpastatube« sie eine ganze Streitnacht gekostet hat. Tatsächlich war es beider Wunsch nach Selbstwert: Sie glaubten, ihn vom Partner verweigert zu bekommen. Aber darauf müssen die beiden erst einmal kommen.

Vorschlag 6 | Wie würden Sie damit umgehen, wenn Ihr Partner meint, Sie gingen fremd (mit einem anderen Menschen, einem Hobby, dem Beruf etc.)?

○ Ich würde überlegen, ob dies auch aus meiner Sicht zutrifft.

○ Ich würde ihn fragen, wie er zu dieser Unterstellung kommt.

Finden Sie auch, dass Anton seine Frau betrügt?

○ Ich finde Anton »geht fremd« mit seiner schwarzen Tasche.

○ Ich finde es Unsinn, seine Beschäftigung mit seinen Angelegenheiten als »Fremdgehen« zu bezeichnen.

Vervollständigen Sie einen der beiden Sätze. Wenn Sie wollen, können Sie auch für beide Seiten Verständnis zeigen.

 Ich finde, Anton ist kein Vorwurf zu machen, denn...

 Ich finde, Anneliese macht Ihren Vorwurf zu Recht, denn...

Sitzung 1, Szene 6

[Im weiteren Gesprächsverlauf erfuhren wir von Anton, wozu er die »schwarze Tasche« im Urlaub dabei hat. Er kann morgens nicht lange schlafen und nutzt deshalb die Zeit, Berichte fürs Büro zu schreiben.]

W: [Etwas zögernd und an Annemarie gerichtet] Macht es Spaß, um 5 Uhr morgens in aller Ruhe einen Bericht zu schreiben?

Sie: Das wüsste ich auch gern mal. Auf die Idee käme ich nie. Also mir macht das wirklich keinen Spaß.

W: Sie schreiben auch keinen Bericht um 5 Uhr in der Früh.

Sie: Ne. [leicht empört]

W: Versuchen Sie, sich da hineinzuversetzen.[1] Ich weiß, dass das schwer ist, aber das wäre jetzt vielleicht hilfreich, ok? Das muss nicht ganz schnell kommen. Lassen Sie sich ruhig Zeit.[2] Können Sie sich das vorstellen? Wie man da so sitzt? Es ist ganz früh? Die Vögelchen zwitschern, man hat seinen Laptop vor sich und tippt da seinen Bericht rein. Es ist ganz ruhig, man wird nicht abgelenkt. Kein Telefon oder irgendetwas.

Sie: Das hat mit Sicherheit mit mir zu tun.[3] Weil er kein schlechtes Gewissen haben muss, dass ich in irgendeiner Form da vielleicht [sucht nach einem Wort] ... Zuwendung verlangen würde um diese Zeit.[4]

W: Ja, das wäre eine der vielen möglichen Ablenkungen, die dann nicht stattfinden. Aber warum macht er das ganz unabhängig von Ihnen? Ich geh jetzt davon aus, auch wenn er alleine wäre in dem Hotel, ...

Sie: [Satzvervollständigend] ... dann würde er es auch machen.

1 Nachdem sie gemerkt hat, dass er ihre Perspektive etwas verstanden hat, muss ich ihr helfen, auch seine zu entdecken.

2 Seine Welt ist so exotisch für sie, dass ich ihr Zeit geben muss, sich einzufühlen.

3 Wir sind schon nah dran ...

4 ... aber noch nicht da.

W: ... würde er es auch machen. Deswegen ist
es wichtig für Sie, zu wissen: [forschend
und fragend] Warum macht das Spaß?
Sie: Ja, er ist eben ein Morgenmensch. Er kann
am Morgen gut arbeiten.
W: Das heißt also, er hat in der Früh das Ge-
fühl, »ich arbeite gut«.
Sie: Ja, mit Sicherheit.
W: Könnten Sie sich vorstellen, dass das Ge-
fühl, »ich arbeite gut«, ein gutes Gefühl ist?
Sie: Na klar.
W: Zum Beispiel Selbstwertgefühl.[5]
Sie: [zustimmend] Mhm.
W: Z.B.: »Ich habe es optimal geschrieben«,
das gibt Selbstwert, und das ist ein gutes
Gefühl.
Sie: [zustimmend] Mhm.
W: Und Menschen tun Dinge, die ihnen gute
Gefühle geben.
Sie: Ja, aber ich glaub, er kriegt genügend
Selbstwertgefühl,[6] das muss er nicht mor-
gens um 5.00 haben.
W: [betont] Da sind Sie sich sicher?
Sie: Ja, klar.
W: Woher wissen Sie das?
Sie: Ja, sonst wurde er nicht mit solch einer
Begeisterung zu der Firma hingehen. Wenn
er da nicht so viel Selbstwertgefühl bekäme,
hätte er wahrscheinlich schon längst alles
an den Nagel gehängt.
W: Zu der Firma hingehen, meinen Sie?
Sie: Ja.
W: Und was ist mit Ihnen?
Sie: Ich geh ja da nicht hin.
W: Nein, aber zu Ihnen hingehen.
Sie: Bei mir kriegt er es nicht.[7]
W: [verwundert] Wirklich?

5 »Selbstwert« ist das
Wort, das den gemeinsa-
men Nenner zwischen
beiden ergibt.

6 Jetzt ist ihr Fehlglaube
deutlich ausgesprochen

7 Heißt: Ich glaube
nicht, dass er es von mir
bekommen will.

Sie: [zustimmend] Mhm.

W: Also, wenn er da um 5.00 Uhr diesen Bericht schreibt ...

Sie: [trotzig] Also um morgens um 5.00 kriegt
er von mir kein Selbstwertgefühl.[8] [laut
empört] Überhaupt nicht, da kann er lange
darauf warten. Mit Sicherheit nicht.

W: Also er muss es ja nicht um 5.00 in der
Früh bekommen. Es kann ja auch irgend-
wann anders sein, das kann man ja auch
später verdauen, oder?

Sie: Ach so. [lacht über meine Metapher]

W: Ja. ... Ich versuche, nur einfach herauszuar-
beiten, dass Sie nachvollziehen können,
der plagt sich da nicht um 5.00 in der Früh.

Sie: [zustimmend] Nein.

W: Sondern, es gibt ihm ein gutes Gefühl. Und
es gibt ihm deswegen ein gutes Gefühl,
weil er merkt, ich schaffe dann was. Ok?

Sie: [zustimmend] Mhm.

W: Er fühlt sich kompetent.

Sie: [zustimmend] Mhm.

W: Wie fühlt er sich beim Reitturnier?[9]

Sie: Ja mit Sicherheit völlig inkompetent.[10]

W: Deshalb war vielleicht die Idee, ihn mitzunehmen, nur die Hälfte der Geschichte.

Sie: Ja, ich weiß schon, dass das nicht reicht.
Aber damit er sich auch beim Reitturnier
kompetent fühlt, muss er doch auch etwas
dafür tun? Oder? Er müsste sich doch auch
bemühen, und sich mehr einbringen in der
Situation?

W: Richtig.

Sie: Das kann ich ihm natürlich schlecht vermitteln, diese Sicherheit. Die muss er
selbst irgendwo ...

W: [unterbrechend] Jein. Sie können ihm dabei

8 Ich denke: Der Trotz
soll Unsicherheit über-
decken.

9 Jetzt versuche ich, den
Kreis zu schließen ...

10 Angekommen!

helfen, dass er die Möglichkeit bekommt –
also in der Art, wie Sie ihn mitnehmen –
dass er die Möglichkeit bekommt, sich
selbst darum zu bemühen sich selbst mehr
einzubringen.[11]

Sie: Genau.

Die Zwickmühle der schmerzhaften Beziehungsspiele

In der Regel beinhalten alle schmerzhaften Beziehungsspiele eine
Zwickmühle: Jeder kann mit guten Grund behaupten:»Wenn du nur
mit dem richtigen Verhalten beginnen würdest, dann würde ich schon
mitmachen, oder dann kann ich erst mitmachen«. So kann man in einer Endlosschleife jahrelang miteinander diskutieren. Auch wenn man
immer wieder andere Inhalte – verschiedene »Taschen« – benützt, um
diesen Beziehungstanz zu wiederholen. Man wartet immer wieder darauf, dass der andere endlich mit seinem alten Verhalten aufhört, damit
man selbst sein Verhalten ändern kann.

Stellen Sie sich vor, sie fahren im Auto und halten mit beiden Händen
das Lenkrad fest. Während Sie in der Ferne eine Linkskurve bemerken,
hören Sie folgenden Dialog zwischen Ihrer rechten und Ihrer linken
Hand:

Rechte Hand: Pass auf, da kommt jetzt gleich eine Linkskurve auf uns
    zu!
Linke Hand: Klar, ich bin doch nicht blind. Oder hältst du mich für so
    doof, dass ich das nicht merke!?
RH: Bei den letzten Kurven hatte ich immer wieder den Eindruck, dass
    du die Kurven fast verschlafen hättest.
LH: Das ist doch überhaupt nicht wahr. Du kannst ja gar nicht merken,
    was ich bemerke oder nicht, weil du mich eh die ganze Zeit igno-
    rierst.
RH: So ein Unsinn! Aber jetzt pass lieber auf, denn es kommt eine
    Linkskurve, und da bist du ja näher dran und must mit dem Drehen

des Lenkrads anfangen. [Man beachte die zwingende Logik des Arguments.]

LH: Kein Wunder, dass alle meine Freunde sagen, dass du ein angeberischer Rechthaber bist. Ich habe in der Vergangenheit immer das Lenkrad zuerst gedreht, jetzt kannst du auch einmal anfangen. [Man beachte die zwingende Logik des Arguments.]

RH: Mir reicht es jetzt mit deinen dummen Argumenten. Meine Mutter hat auch schon gesagt, dass man mit dir nicht vernünftig reden kann.

In diesem Moment befindet sich die Kurve schon in gefährlicher Nähe. Um einen Unfall zu vermeiden und um die nutzlose Streiterei zu beenden, greifen Sie als Leser jetzt in Gedanken sicher schon ein und drehen das Lenkrad mit beiden Händen absolut gleichzeitig.

Als Leser erkennt man schnell den Unsinn des Dialogs, aber wenn man Dialogpartner (-gegner?) ist, dann tut man sich schwerer, da man sich nur auf seine Argumente konzentriert.

Wer aber beginnt, den Tanz in der eigenen Partnerschaft zu erkennen, kann ihn auch auflösen. Ich glaube, Annemarie und Anton haben begonnen, zu begreifen, wie sie sich in der Zwickmühle immer wieder wechselseitig blockieren.

Vorschlag 7 | Entscheiden Sie:

○ In unserer Beziehung bin ich immer der Erste, der für die Partnerschaft etwas tut.

○ In unserer Beziehung bist du immer der Erste, der für die Partnerschaft etwas tut.

Beobachten Sie die Gespräche in Ihrer Partnerbeziehung in nächster Zeit. Vielleicht entdecken Sie dort auch einen Dialog, der dem Streit der beiden Hände ähnelt. Gibt es eine Situation in Ihrer Partnerschaft, wo jeder darauf wartet, dass der andere den ersten Schritt macht?

Versuchen Sie, die Situation in der nachfolgenden Satzform für den spezifischen Fall oder in grundsätzlicher Form, festzuhalten:

 Ich finde du sollst zuerst ...

 Ich glaube du erwartest von mir, dass ich zuerst ...

45

Vorschlag 8 | Versuchen Sie, sich gemeinsam mit dem Partner eine Beziehung vorzustellen, bei der beide Partner in der obigen Frage die zweite Alternative angekreuzt haben.

Ich weiß, dass dies eine schwere Aufgabe sein kann, deshalb gebe ich Ihnen eine kleine Hilfestellung:

Wir war das eigentlich, als Ihre Verliebtheit in voller Blüte war?

Sitzung 2

Sitzung 2 Szene 1

(Unser Paar Annemarie und Anton hatte eine Woche Zeit, die Abschrift des letzten Coachinggesprächs zu lesen.)

Er: Ich habe mir zu einzelnen Punkten einige Randbemerkungen gemacht, die darauf zielen: Wie kommt man in einen Zustand, dass man nicht zurückfällt und es nicht wieder so wird, wie es einmal war. Irgendwie fehlt mir das in dem Text. [lacht] Ich weiß nicht, ob das noch kommt[1] ... ob die guten Ratschläge noch kommen... Deshalb habe ich das außerordentlich nützlich gefunden, dass man sich das noch mal durchlesen konnte, was da gewesen ist.[2]

W: Es geht Ihnen darum ...

Er: ... sonst geht man hier raus bei Ihnen, dann denkt man zwar noch ein bisschen nach, dann macht man etwas anderes, und wenn es einem drei Tage später wieder ins Hirn kommt, dann fragt man sich: »Wie war das denn jetzt eigentlich?« Unter dem Gesichtspunkt fand ich das außerordentlich nützlich, dass man sozusagen nochmals wiederholt ... Wie kann man in der Zukunft verhindern, sich anders verhalten, dass es nicht in anderen Fällen auch auftritt?[3]

[1] Er beanstandet, dass trotz der Mühe, die er sich gemacht hat, er das für ihn Wichtigste nicht gefunden hat. Durch das Lachen wird es ein abgeschwächter Vorwurf.

[2] Ich kann seine Bereitschaft, sich in Frage zu stellen und sich zu verändern, deutlich hören.

[3] Ich habe mich tatsächlich nicht verhört.

47

Gibt es Gerechtigkeit in einer Partnerbeziehung?

Wenn sich ein Paar das erste Mal bei mir meldet, hat in der Regel einer der beiden Partner die Initiative ergriffen, und der andere hat sich mehr oder weniger zu einer gemeinsamen Therapie bereit erklärt. Der Partner der zuerst anruft, hält sich selbst in der Regel für denjenigen, der am meisten für die Partnerbeziehung getan hat. Das kann auch der Fall sein. Aber es muss nicht zutreffen, dass er tatsächlich mehr *für* die Partnerbeziehung getan hat.

Lassen Sie mich diese Doppeldeutigkeit aufklären: Ein Partner hat das Gefühl:»Meine Beziehung läuft schlecht, ich habe Angst, wenn es so weitergeht werde ich meinen Partner verlieren.« Es ist wahrscheinlich, dass dieser Partner sich bemühen wird, Dinge zu tun, von denen er meint, sie täten der Beziehung gut. Er wird sich auch bemühen, andere Dinge zu unterlassen, von denen er meint, dass sie den Partner von ihm wegtreiben. Das kann effektiv sein, muss aber nicht. Es wird davon abhängen, ob die Dinge, die man ansteuert, Aspekte sind, die der Partner auch für veränderungswürdig hält, und ob er es auch für erstrebenswert hält, die Beziehung in die gleiche Richtung zu ändern. Wenn das nicht der Fall ist, können alle Rettungsversuche vergeblich sein. Dann hat jemand viel für die Beziehung getan, ohne etwas *für* die Beziehung getan zu haben. Der Betreffende wird das Gefühl haben, in der Partnerbeziehung gehe es sehr ungerecht zu, weil er sich sehr bemüht hat, ohne dass eine positive Änderung eingetreten ist.

Wenn der Anruf in meiner Praxis erfolgt, besteht der natürliche Wunsch, den Partner dazu zu bewegen,»endlich auch etwas für die Beziehung zu tun.« Da der mehr oder weniger bereite Partner oft nicht das Gefühl hat, dass etwas für ihn getan worden sei, erlebt auch er es als ungerecht, wenn von ihm verlangt wird, er solle jetzt alleine für die Partnerbeziehung aktiv werden. Es gibt nun zwei Menschen, die davon überzeugt sind, dass keine Gerechtigkeit besteht.

Wenn Anton sich selbst dazu verpflichtet, die Protokolle der letzten Sitzung genauer im Gedächtnis zu behalten, dann begreift er, dass eine effektive Veränderung nur möglich ist, wenn man die gesamte Beziehung versteht. Es reicht nicht, wenn man alleine davon überzeugt ist, zu wissen, was die Beziehung braucht oder nicht. Oder mit Antons Worten:»Was hergebrachtes Zeug ist«, oder »Was sachlich betrachtet richtig ist.« Denn es ist wichtig, die Sichtweisen beider Partner zu berücksichtigen, um die effektiven Veränderungen in die Wege zu leiten.

Ich sehe Antons Bemühungen, sich die Erkenntnisse der Coachinggespräche besser zu merken, als die Bereitschaft, nicht nur sich selbst, sondern auch seine Partnerin, als Expertin für ihre gemeinsame Partnerbeziehung zuzulassen.

Sitzung 2 Szene 2

Sie: Ein Satz ist ja drin, der darauf zielt ...
[sucht in den Unterlagen] wo hier drin steht: »In so einem Gespräch, in dem man über die Beziehung spricht und nicht in der Beziehung streitet, kann man etwas wirklich Neues vom Partner erfahren.« Das war für mich ein ziemlich wichtiger Punkt, da es unser Thema war, dass wir immer nur gestritten haben. Und es nicht auf eine Ebene gebracht haben – das ist sicherlich schwierig –, dass man es von außen her als Ablauf betrachtet und dann miteinander beredet, stattdessen haben wir immer nur unsere eigene Meinung eingebracht. Ich glaube, an den Punkt müsste man kommen, die eigene Beziehung mal von außen betrachten zu können.[1]
W: Mhm ... [nachdenkend][2] ja, ... ich denke, dass ... Nehmen wir mal einen Vergleich im Sport [sich selbst unterbrechend]. Spielen Sie Tennis?
Er: Haben wir mal.
W: Sie wissen, wie sich das anfühlt?

1 Auch von ihr ist jetzt deutlich die Bereitschaft zu hören, ihre Partnerbeziehung von außen zu betrachten, um das dysfunktionale Beziehungsspiel zu verändern.
2 Ich möchte versuchen, den beiden ein körperliches Gespür für ihr herkömmliches Konfliktspiel zu vermitteln.

49

Er: Ja [zögernd]

W: Mehr oder weniger.

Er: Wir beide haben uns beim Badmintonspielen kennen gelernt.[3]

W: Na, sehen Sie. Beim Badminton dürfte es ein ähnliches Körpergefühl sein ... na gut, dass ist doch Federball?

Er: [lacht] Jetzt könnte man längere Zeit darüber streiten, aber lassen wir das.

W: Was der Unterschied zwischen Badminton und Federball ist?

Er: Ja, aber ist schon richtig ...

W: Mit einem ... [suchend]

Er: Mit Netz und zwei Schlägern und Federball.

W: Ja, genau ... Da haut[4] man auf das Ding drauf, und dann fliegt es irgendwo hin. Manchmal fliegt es, dahin wo man will und manchmal nicht. Wenn man lernt, das Spiel zu beherrschen,[5] dann wird man jedes Mal, wenn man drauf »gehauen« und beobachtet hat, wo das Ding hinfliegt, eine Rückkopplung, eine Rückschleife machen im Gehirn.

»Aha, wenn ich so drauf hau, dann fliegt es dahin, und wenn ich so drauf hau, dann fliegt es dort hin.« Das ist nicht unbedingt kognitiv, also nicht mathematisch ausgerechnet,[6] aber es ergeben sich dann Formungen im Gehirn, die einen in eine bestimmte Richtung bringen. Das heißt jedes Mal, wenn man das Gefühl hat: »He, das war jetzt gut« [mit Begeisterung], wird man versuchen, die Muskeleinstellungen beizubehalten. Gut ... So formt sich das langsam. Man könnte auch Badminton spielen, in dem man einen Topf von hundert solcher Bälle hat, einen rausnimmt, rüber haut und

[3] Der Zufall ist günstig, denn ich gehe davon aus, dass die beiden vermutlich zu diesem Zeitpunkt glücklicher waren, und außerdem ist das Körpergefühl mit einer Kompetenzerfahrung verbunden. Ich finde es besonders wichtig, ein Paar auch immer wieder zu seinen Stärken hinzuführen und nicht nur auf seine Schwächen zu deuten.

[4] Da ich die Verbindung zum Streit bringen will, benütze ich das Wort »hauen«. Denn Argumente in einem Streit werden »drauf gehauen« und nicht »vorsichtig zugespielt«.

[5] Sie wollen ja beide ihr Konfliktspiel beherrschen lernen.

[6] Sie müssen keine komplizierten Thesen entwickeln, warum ihr Partner so ist, wie er ist, sondern nur beobachten, wie Sie beim anderen ankommen.

bevor er richtig fliegt, schon den nächsten nimmt, also gar nicht hinguckt, wo der hinfliegt. So würde man es nie lernen.[7]

Er: Das ist richtig.

W: Dadurch, dass man immer wieder diese Kontrolle hat [macht eine entsprechende Geste: wie ein Ball, der aufgeschlagen wird und dessen Flug mit den Augen beobachtet wird], verändert man sein Spiel. In der Art, in der man üblicherweise streitet, macht man aber genau das Gegenteil. Man nimmt einen Ball – ein Argument – schießt es ab, schaut gar nicht genau hin, wo trifft dieses Argument beim anderen, sondern holt sich schon sein nächstes Argument – zack, das Nächste. [macht eine entsprechende Geste: Bälle werden hastig mit Gewalt aufgeschlagen, ohne zu schauen, wo sie hinfliegen].

Die Zielsetzung beim [lacht] normalen[8] Streit ist: So viele Bälle wie nur möglich abzuschießen und gar nicht darauf zu achten, ob sie überhaupt landen.

Ob sie überhaupt auf der anderen Seite ankommen, übers Netz gehen, sondern ...

[tief Luft holend]: Es wirkt mehr wie jemand, der verzweifelt eine Maschinenpistole in der Hand hat, die Augen zu macht, auf den Abzug drückt und hofft, irgendwas wird schon ...

Er: [helfend] treffen[9]

W: ... und ihn verteidigen und ihn schützen. [leise] Zack, Zack. Denn die Argumente, die man verwendet [die letzte Geste wiederholend], sind eigentlich nur dazu da, sich zu schützen, und nicht, um logisch zu sein. [Zu ihm gewendet] ... wenn Sie sich Ihre Diskussion zu Hause vorstellen, dann läuft

7 Ich versuche zu sagen: »So etwas Unsinniges würden Sie beim Tennislernen nicht machen, warum dann beim Streiten?«

8 Das Wort »normal« bekommt jetzt eine negative Bedeutung und soll ermutigen, aus dem »normalen«, d.h. herkömmlichen Fahrwasser herauszutreten.

9 Sein Satzvervollständigen zeigt, dass er verstanden hat, dass es hier nicht um Dummheit geht, sondern um Verunsicherung.

es in der Regel doch so ab, dass jeder seine Argumente – zack, zack, zack – abschießt. »Das ist doch ein Unsinn. Wieso, das war ganz anders ...« Und Sie [zu ihr gewendet] sagen dann im Gegenzug etwas anderes. Der Unterschied, den wir in der Stunde gemacht haben, war, dass wir geguckt haben: Wo gehen diese Bälle hin.

Sie: Mhm.

W: Das Hin und Her ist das »darüber Sprechen«.

Sie: Genau.

W: Darüber und nicht im Streit. Im Streit ist »Zack«. Darüber ist: »ah, ja« [Geste: wie einem Ball nachschauend], um den nächsten gezielter zu setzen. Und wenn Sie fragen: »Ich will da nicht wieder hin, was kann man da machen, wie kann man das verhindern?« Dann kann ich nur sagen: Indem Sie genau hinschauen, wo die Bälle hinfliegen. So wie Sie es machen, wenn Sie so etwas nochmals durchlesen. Das ist eine Form, und die andere Form ist, den Partner zu fragen: »Wie war jetzt das für Dich, was ich jetzt gerade gesagt habe?«[10]

10 Ich versuche Ihnen zu sagen: »Ich habe zwar Verständnis dafür, dass Sie sich so verhalten, aber es ändert nichts daran, dass Sie Ihr Verhalten ändern müssen, wenn Sie schmerzfreier miteinander leben möchten.«

Um was geht es wirklich?

Bei vielen Streitereien geht es nur scheinbar darum, die Lösung zu einem konkreten Problem zu finden. Von außen wirkt es oft so, als ginge es nur darum, um jeden Preis Recht zu bekommen, indem man dem Partner die besseren Argumente entgegenschleudert. Tatsächlich geht es aber in der Regel darum, sein Selbstwertgefühl zu schützen und wenn möglich, durch die Reaktion des Partners mehr davon zu bekommen.

Dies sind zwar verständliche Wünsche, aber es werden die falschen Mittel zum Erreichen dieses Ziels eingesetzt. Man glaubt, sein Gefühl der Wertigkeit dem anderen nur abtrotzen zu können, indem man den Partner von einer sachlichen Behauptung überzeugt. Das Unterfangen, Selbstwert zu erstreiten, gelingt nur selten, weil Zuwendung und Zuneigung nicht durch Sachargumente erstritten werden können. Sachargumente sind effektiv in Gerichtsverfahren und wissenschaftlichen Diskussionen, aber nicht in Liebesbeziehungen.

Die Streitenden verhalten sich wie Tennisspieler, die das Spiel erlernen wollen, indem sie reihenweise Bälle über das Netz schlagen, ohne zu beobachten, wo der Ball hinfliegt. Kaum ist ein Ball abgeschossen, greifen sie schon nach dem nächsten schlagkräftigen Argument. Dabei verwenden sie ihre Energie hauptsächlich dazu, die besten Qualitätsbälle aus dem Korb zu picken, statt darauf zu achten, wo der Ball ankommt. Nur leider bringt einem auch der teuerste Tennisball nicht das Tennisspielen bei. Das Spiel zu erlernen, erfordert als Voraussetzung die Bereitschaft, den Ball auf verschiedenste Arten und Weisen über das Netz zu bringen. Dabei muss man beobachten, wo er hinfliegt, bis man ein Ballgefühl entwickelt hat.

Wenn nun beide versuchen, bessere Beweismittel – qualitativ bessere Tennisbälle – vorzulegen als der Partner, dann streiten sie an ihrem tatsächlichen Ziel vorbei. Denn es geht nicht um die besseren Argumente, sondern darum, dass man sich dem Partner verständlich macht, und nicht aneinander vorbei redet. Die typischen Beweismittel in so einem Fall können Zitate des Partners aus der Vergangenheit, Meinungen von

Freunden, »die das auch so sehen«, Zitate aus klugen Büchern oder sogar wissenschaftliche Untersuchungen sein.

Doch zu einem *wirklichen* Dialog gehört besonders auch das Innehalten und Beobachten wie man beim Partner ankommt. Nur wenn man mit seinen Gefühlen und Bedürfnissen beim Partner ankommt, wird er einem »Recht« geben. Nur ist dieses »Recht« nicht im juristischen oder wissenschaftlichen Sinn zu sehen, sondern im Beziehungssinn. Besser sollte man in diesem Zusammenhang von »Berechtigung« sprechen. Man spricht in diesem Fall dem Partner die Berechtigung oder den Anspruch zu, seine Sichtweise zu haben, unabhängig davon, ob man ihr inhaltlich zustimmt oder nicht. Damit ist man am Ziel angelangt, denn jetzt fühlt man sich vom Partner akzeptiert, und das erhöht das eigene Selbstwertgefühl. Nur dann kann man von einem gelungenen Ballwechsel zweier kompetenter Spieler sprechen, bei denen das Punkten von zweitrangiger Wichtigkeit war.

Vorschlag 9 | Beobachten Sie, wenn Sie das nächste Mal mit Ihrem Partner streiten, an was Sie denken, während Ihr Partner spricht bzw. sich ereifert. Überprüfen Sie dabei, wie schwer oder leicht es Ihnen fällt, sich die Argumente Ihres Partners genau anzuhören.

Beobachten Sie, ob Sie zuhören können oder ob Sie schon nach Ihren nächsten Argumenten Ausschau halten, die Sie einsetzen werden, wenn Ihr Partner Sie wieder reden lässt.

Diese Erkenntnis können Sie zwar mit Ihrem Partner austauschen, aber Sie können auch damit warten, bis Sie das Gefühl haben, Ihre Zuhörfähigkeit ausgebaut zu haben.

 In diesen Situationen merkte ich, dass es mir schwer fiel, zuzuhören:

Sitzung 2 Szene 3

Sie: Wenn ich das so überdenke, dann kommt
der nächste Punkt, der das Gleiche beinhaltet.[1] [an ihn gerichtet] Das sind die stundenlangen Wanderungen, wo du wie blöd
durch die Gegend läufst – sag ich jetzt mal
ganz provokativ –, und im Grunde genommen läufst du alleine. Genauso ist es beim
Langlaufen, genauso beim Radeln, das ist
immer dasselbe. Und jetzt habe ich auch
begriffen, um was es da eigentlich geht und
warum mir das stinkt.[2]
Er: Und das wäre? [Man kann das Fragezeichen
hören][3]
Sie: Dass du eigentlich nicht da bist! [betont]
Wir machen zwar Unternehmungen gemeinsam, aber ich habe im Prinzip nichts
davon. Das ist der Punkt.
[kurzes Schweigen]
Weil du zwei Kilometer vor mir durch die
Berge läufst und wahrscheinlich in Dir was
abläuft, wie du morgen mit den Herren X
und Y diese oder jene Diskussion führst.[4]
Er: [leicht empört] Also nee, das glaube ich
kaum.
Sie: Gut, wie auch immer ... [5]
Er: Ja ...
W: [Sie spricht den Text von W. etwas mit] Auf
jeden Fall haben Sie nicht das Gefühl: Der
denkt jetzt an mich.
Sie: Er muss nicht wie ein verliebter Jüngling
ständig an mich denken, aber ich meine,
genauso ist es, wenn wir mit anderen[6] zusammen gewandert sind, und man bleibt
mal irgendwo stehen, und wenn's nur um
eine schöne Blume am Wegrand geht oder

1 Sie beginnt, zu verste-
hen, dass es sich immer
wieder um neue Varia-
tionen des gleichen
Spiels handelt.

2 Ich höre:»Du lässt
mich alleine, und das
macht mich traurig.«

3 Ich glaube, jetzt ist er
offen für die Antwort.

4 Jetzt kommen die
Unterstellungen.

5 Es ist ein Zeichen
einer sehr positiven
Entwicklung, dass sie
ihre Vermutung sofort
wieder zurücknehmen
kann.

6 Es fällt leichter, der
Anwalt »anderer« zu
sein, als seine eigenen
Bedürfnisse zu verteidi-
gen.

einen netten Käfer. Es ist für ihn alles so
überflüssig, »dauernd dieses Stehenblei-
ben«, und es ist doch völlig wurscht, »es
wachsen doch dauernd tausende von Blumen«, Hauptsache laufen, laufen, laufen ...
[Gelächter]

Er: Das ist bestimmt auch so ein Punkt, [sich
selbst unterbrechend] naja, rede erst mal
fertig[7] ...

Sie: Und deshalb habe ich eigentlich irgendwo
... [es fällt ihr ein neuer Gedanke ein] es war
immer schon so ein beliebter Satz bei uns:
Es gibt einen Wanderführer, der heißt »Pause«, und wenn Pause zwei Stunden vorge-
schrieben hat für eine Wanderung, mussten
wir sie in eineinhalb Stunden schaffen, das
heißt wir mussten Pause immer unterbie-
ten. Und dann war er zufrieden. Wenn das
nicht war, dann war das nichts.

Er: Sie meint, ich denke an was ganz anderes
oder so, bin mit den Gedanken ganz wo
anders.

W: [leise nachsprechend] Ich bin wo anders, ich
bin nicht da.

Er: ... ich bin nicht da. Nur ...

W: Ich bin nicht bei ihr.[8]

Er: Ja. [leise, aber mit überzeugtem Ton]

W: [ermutigt zum Weitersprechen] Nur? Ja?

Er: Das würde ich jetzt nicht so sehen. [lacht
verlegen]

Sie: [empört] Was heißt, du würdest das nicht
so sehen? Siehst du es so, oder siehst du es
nicht so?

Er: [überzeugter] Nein, das würde ich nicht so
... aber bei all diesen sportlichen Unternehmungen, wie sie auch sein mögen, [zö-
gernd] naja, gut, ich weiß nicht, so langsam

7 Auch diese Selbstun-
terbrechung ist sehr
positiv. Sie zeigt, dass es
jetzt nicht mehr nur um
die Verteidigung der
eigenen Sichtweisen
geht, sondern auch um
das Wahrnehmen der
Perspektiven von Anne-
marie.

8 Ich versuche, es noch-
mals auf den Punkt zu
bringen, um den es
hauptsächlich zu gehen
scheint.

»dahintrischeln« das ist nicht meine Sache,
ja. Wenn ich wandern will, dann zieh ich
meine dicken Stiefel an, und dann geht's
los.

W: Die Frage ist, was Sie wollen: Wollen Sie
wandern oder wollen Sie zusammen wandern?[9]

Er: Gute Frage. [Gelächter]

W: [lachend] Schauen wir mal, ob Sie eine gute
Antwort haben?

Er: [über sich selbst lachend] Da muss ich ge-
stehen, da hab ich noch nie so drüber nachgedacht, da muss ich schon eher sagen: Ich
wollte wandern, [leicht nachdenklich] ja, ...
wenn ich das jetzt von heute zurück be-
trachte.[10]

W: Hm. Ich weiß nicht, ob es geht, aber ich
würde gerne etwas versuchen. [Pause durch
Nachdenken] Ich weiß nicht, ob Sie sich die
Notizen auch zu dem letzten Teil angese-
hen haben, zu der letzten Passage, wo ich
mit Ihrer Frau spreche ... über 5 Uhr Früh
und so ...

Er: ... über was?

Sie: Das frühe Arbeiten...

Er: Mein frühes Arbeiten.

W: [zu ihm] Haben Sie verstanden, worauf ich
da hinaus wollte?

Er: Ja, schon ... oder?

W: Ja, was glauben Sie?

Er: Der Tenor war ja, dass ich zufrieden bin
oder ein gutes Gefühl dabei habe, wenn ich
dann was in aller Ruhe schreibe.

W: Hm. Oder wenn Sie wandern und dann eine
halbe Stunde schneller gehen als dieses
Buch.[11]

Er: [lacht ertappt] Vielleicht, ja ... ja, gut, das

9 Die Frage ist weder,
was berechtigt ist, noch
wer Recht hat, sondern
was beide miteinander
erreichen wollen.

10 Diese Einsicht ermu-
tigt mich, einen Schritt
weiterzugehen.

11 Ich versuche, immer
wieder zu zeigen, dass es
um ein sich wiederho-
lendes Muster geht und
nicht um die Inhalte.

hab' ich nicht so drauf angelegt. Meine
Frau, die kommt da eben schlecht hinterher.

W: Nein, nicht auf die Ebene.[12]

... Sie sagten vorher schon: Ich kann jetzt
erkennen, dass es mir ein Anliegen ist, dass
es Spaß macht, eine Sportart zu machen ...

Er: [gleichzeitig] ... Es macht Spaß, erst wenn
ich durchgeschwitzt da ankomme.

W: Sehen Sie die Parallele zu der Geschichte
von 5 Uhr in der Früh?

Er: [etwas zögernd] Ja.

W: Sie haben Ihr Ziel, und es fühlt sich gut an,
wenn man Kompetenzgefühle hat, sei es
jetzt in etwas Schreiben oder sei es im »Er-
wandern«.

Er: Ja.

W: ... das eine ist körperlich, das andere ist
geistig. Aber auf der Ebene, die ich jetzt
meine, ist es etwas Ähnliches. Haben Sie
verstanden, worauf ich hinauswollte, als ich
mit Ihrer Frau drüber gesprochen habe?

[Schweigen]

Er: Wahrscheinlich, sag ich mal, dass meine
Frau dieses versteht.[13] ...

W: [zögernd] Ja, das war die halbe Miete sozusagen. Und die andere halbe Miete ...

Er: [leise] Da müssen Sie mir helfen ...

W: Klar, vielleicht hilft uns Ihre Frau ... ?

Sie: Ja, dass ich ihm die Möglichkeit gebe, dass
er sich sein Selbstwertgefühl eben nicht nur
da holt, sondern dass er es eben über mich
auch irgendwo kriegt.

W: [leise] Ins Schwarze![14]

Sie: Ja, aber wenn Sie jetzt sagen, genau das ist
es, dann beziehe ich dieses Wandern jetzt
wieder auf mich. Gell?

W: [etwas verwirrt] Halt – Halt – Halt! Wie

12 Zu diesem Zeitpunkt
war ich mir sicher ge-
nug, dass er versteht,
warum ich hier unter-
breche und so direkt bin.

13 So, jetzt weiß ich, wie
weit ich mich beim
letzten Mal verständlich
machen konnte.

14 Ich bin erleichtert,
dass sie es schon so klar
formulieren konnte.
Jetzt hat sie verstanden,
dass er nur sein Selbst-
wert von ihr »gefüttert«
bekommen kann, wenn
sie selbst daran glaubt,
dass sie es ihm auch
geben kann. Ansonsten
wird er es sich nur an
anderen Stellen suchen,
wie im Beruf.

»dann bezieh ich dieses Wandern jetzt wieder auf mich«?[15]

Sie: Also diese Problematik beim Wandern.

W: [wieder sicherer] Ja klar! Das hat immer mit Ihnen beiden zu tun.[16]

Sie: Da weiß ich aber jetzt nicht weiter, wenn ich ehrlich bin.

[15] Oh, jetzt habe ich in meiner Begeisterung etwas übersehen...

[16] ... und jetzt dämmert mir, was ich nicht beachtet habe.

Schuld oder Verantwortung?

An dieser Stelle in unserem Gespräch hat sich für Annemarie die Situation gewandelt. Sie kann erkennen, dass Anton nicht ganz so schuldig ist, wie sie immer gedacht hat, und das kann in der üblichen Beziehungs-Mathematik nur heißen, dass sie Schuld haben muss. Es ist wie im »Schwarzer-Peter-Spiel«: Es kann nur immer einer die Karte mit dem schwarzen Peter halten. Wenn der andere sie im Moment nicht hat, dann muss die Schuldkarte ja bei mir sein. So »rechnet« sich Annemarie in die Schuld hinein. Wäre das nicht ein böses Spiel, wenn beide reingelegt worden wären und es gebe gar keinen schwarzen Peter im Kartenstoß? Diese Erkenntnis würde ja das ganze Spiel unsinnig machen.

Die Schuldfrage ist zwar per Gesetz im Scheidungsrecht abgeschafft, aber in Ehekrisen hat dieses Thema immer noch die höchste Priorität. Viele Paare sind im destruktiven Spiel gefangen. Ein Jeder ist bemüht, die Schuldkarte schnell an den Partner wieder abzugeben. Sie weisen sich gegenseitig Schuld zu, anstatt konstruktiv zu fragen: »Wie können wir unserer Beziehungsverantwortung besser gerecht werden?«.

Während bei der »Schuldfrage« für die Suche nach dem Schuldigen sehr viel Energie und Zeit vergeudet wird, ist die Frage »wer ist verantwortlich?« schnell geklärt: Beide!

Wenn sich beide Partner für die Beziehung verantwortlich fühlen, dann kümmern sie sich nicht mehr um die Schuldfrage, sondern es interessiert sie nur noch: Wie kommen wir aus der Konfliktsituation raus? Man könnte auch sagen, dass ein Paar, das sich für seine Beziehung verantwortlich fühlt, eine andere Blickrichtung hat, als ein Paar, das entscheiden will, wer Recht bzw. Schuld hat.

Denn wenn ein Paar versucht, seine Beziehungskonflikte zu lösen, dann ist das wie Tandem fahren: Entweder kommen beide an oder keiner! Und man kommt sicherer an, wenn man nach vorne schaut, statt ständig über die Schulter nach hinten zu starren, um die vermeintliche Schuldfrage zu klären.

Vorschlag 10 | Suchen Sie im Themenkatalog Ihrer Partnerbeziehung nach einem Problem, das Sie vom Standpunkt der gemeinsamen Verantwortung besprechen könnten. Versuchen Sie, dabei Ihre normale Vorgehensweise der Schuldklärung zu verlassen.

Am besten macht jeder von Ihnen einen Vorschlag für ein Thema und dann tauschen Sie die Bücher aus.

 Lass uns bei dem Thema...

nicht über Schuld, sondern über Verantwortung sprechen.

Führen Sie nun ein verantwortliches statt ein »schuldiges« Gespräch darüber.

○ Wir haben es geschafft, gemeinsam die Verantwortung für unsere Partnerschaft zu übernehmen.

○ Wir haben es noch nicht geschafft.

Sitzung 2 Szene 4

W: »Bei mir kriegt er's nicht« habe ich jetzt
einfach umgedeutet in »bei mir kann er es
nicht kriegen« oder »ich kann's ihm nicht
geben« oder so. So haben Sie es zwar nicht
gesagt, aber so habe ich es gedeutet ... [1]
Sie: Ja, das stimmt ...
W: ... aber ich habe so darauf reagiert, als hätten Sie es gesagt. Das mache ich manchmal, um Dinge rauszukriegen. Und dann
habe ich Ihnen unterstellt: Sie würden nicht
glauben, dass er es von Ihnen bekommt.
Sie: Genau.
W: Nicht nur, dass er es nicht von mir bekommen will, sondern eben nicht bekommen
kann. Das ist jetzt hier ein bisschen kurz
gefasst, und auf Seite 42 sage ich, dass der
Trotz die Funktion hat, ihre Unsicherheit zu
überdecken, ... die Unsicherheit heißt in
diesem Fall, »dass er es nicht von mir bekommen kann«, heißt, dass Sie glauben,
»nicht diese Futterstelle sein zu können«.
Okay? Das ist meine Interpretation.
Sie: Ja.
W: Und dies [leise und vorsichtig] sehe ich natürlich ganz anders ... was hier an Potenzial
wäre.[2]
Sie: Ja, das stimmt, das wollte ich Sie sowieso
fragen, wie Sie das sehen. In dem Absatz
hab ich mir einfach nur das »Selbstwert«
eingekringelt, weil das eigentlich das Wort
ist, worum es geht.
W: Richtig!
Sie: Und Selbstwert beinhaltet ja für mich,
»Selbst« und »Werte«, das, was ich mir
selbst wert bin.

1 Der Begriff »nicht
kann« ist sehr vieldeutig.
Auch wenn sie ur-
sprünglich die neutrale-
re Bedeutung »Es ist
einfach so, dass er den
Selbstwert nicht von mir
bekommt« gewählt hat,
habe ich die Bedeutung
»Ich kann es ihm nicht
geben« dahinter vermu-
tet.

2 Ich hoffte, in diesem
Moment eine ausrei-
chende Vertrauensbasis
zu haben, so dass diese
Behauptung von ihr
auch akzeptiert werden
könnte. Ihre Reaktion
macht mich etwas un-
sicher, ob meine Fest-
stellung über die Mög-
lichkeiten in dieser
Beziehung von ihr
akzeptiert worden ist.

W: Richtig!
Sie: Und kriege ich das jetzt von außen, oder
muss ich das aus mir selber holen?

Vorschlag 11 | Woher bekommt man seinen Selbstwert?

○ Von sich selbst

○ Vom Partner

Bevor Sie meine Meinung darüber erfahren, unterhalten Sie sich doch einmal mit Ihrem Partner darüber. Jetzt, wo er gerade neben Ihnen sitzt.

Sitzung 2 Szene 5

W: Beides. Ich brauche als soziales Wesen den anderen, um das Futter zu bekommen, aber essen muss ich selbst.[1] Es kann mir jemand den Nobelpreis verleihen und mir den ganzen Tag zuklatschen, wenn ich es nicht höre, und ich mir denke, ach ich bin doch nur ein Idiot ..., dann würde es nichts bringen! Also es gehören zwei dazu. Es reicht nicht, dass Sie ihrem Mann sagen: »Du musst gar nicht eine halbe Stunde schneller sein als dieses Buch, ich finde es trotzdem schön mit Dir zusammen zu sein«, das sagen reicht noch nicht, er muss es hören.[2]

Sie: [nachdenklich] Ja, ja ... er muss es hören ...

W: Nur, zu diesem Zeitpunkt in ihrer Beziehung sind sie noch eine Stufe früher dran. Es geht noch darum, dass Sie es überhaupt sagen. Wenn Sie das Gefühl haben, er hört es eh nicht, dann sagen Sie natürlich nichts.

Sie: Ja, ja, das war mir schon klar.

W: Dazu wollte ich Sie eben ermutigen,[3] dass Sie es ihm sagen, weil ich das anders sehe als Sie. Weil ich aus meiner Perspektive – die ist nun mal eine ganz andere, ich bin ja nicht 20 Jahre mit einem von Ihnen verheiratet ...

Sie: Hm ...

W: ... ich sehe aus meiner Perspektive womöglich viel mehr Chancen und Potenzial. Ich glaube tatsächlich – das hört sich jetzt verrückt an – wenn Sie Ihren Mann ... nehmen wir mal die Wanderungen ... anlächeln und ihm das Gefühl vermitteln würden, dass Sie ihn ganz positiv finden, dass er sich dann

[1] Es reicht nicht, wenn mich mein Partner wertschätzt. Er muss es auf eine Weise vermitteln, dass ich es annehmen kann, *und* ich muss dazu bereit und fähig sein, es annehmen zu können.

[2] Jeder hat seinen Part in der kommunikativen Verantwortung.

[3] Ich bringe nochmals meine optimistische Sichtweise in der Hoffnung, dass sie ihr Potenzial, ihm Selbstwert zu vermitteln, auch wirklich nutzt.

plötzlich nach dieser Blume umschaut und nicht nach vorne. Dass er jetzt nicht versucht, eine halbe Stunde schneller zu sein als dieses Buch. Das glaube ich tatsächlich, das klingt verrückt.

Sie: Ja, ja, ich glaube Ihnen das, ich halte Sie gar nicht mal für so verrückt.[4]

[Gelächter]

Sie: ... Nur das Ganze ist ja nun ein verdammter Hexenkessel ...

W: ... das ist die Zwickmühle – wer fängt zuerst an.

Sie: Genau!

Er: Genau das!

W: Wer fängt zuerst an.

[4] Wenn sie das wirklich glauben kann, dann ist die Prognose tatsächlich sehr positiv.

Wie oft kann man sich verlieben?

Es ist ein Aberglauben, dass die Verliebtheit nach einiger Zeit für immer verloren gehen muss. Nach der anfänglichen Verliebtheitsphase komme angeblich entweder der große Frust oder, wenn man Glück hat, die hausbackene Liebe. Wenn man also wieder das prickelnde Gefühl der Verliebtheit finden will, so heißt es im Allgemeinen, müsse man auf Wanderschaft gehen. Die Alternative könne sonst nur sein, auf das Prickeln zu verzichten.

Meine Beratungserfahrung sieht anders aus. Ich habe viele Paare gesehen, bei denen der Verliebtheitsfunken nach einer belastenden Krise wieder entzündet wurde. Natürlich wird er nicht so leicht entflammt wie durch den Blitz der ersten Verliebtheit. Aber dafür hat diese Phase der Verliebtheit – neben dem bekannten Kribbeln – noch ganz andere Genüsse zu bieten.

Ein Paar, das seine Beziehung trotz großem Schmerz nicht einfach abgeworfen, sondern mühsam geflickt hat, spürt die ganze Pracht der wertvollen Handarbeit in seinem Beziehungstuch. Es ist eine Decke, auf der sie gemeinsam ruhen können und die sie auch als Schutz über sich ausbreiten können. In der Intensität des Gefühls kann diese Verliebtheit es mit jedem Blitzschlag aufnehmen.

Aber dieses Gefühl fällt nicht vom Himmel, sondern muss mühsam erworben werden.

Vorschlag 12 | Besprechen Sie mit Ihrem Partner, ob Sie sich nochmals in einander verlieben wollen.

Lassen Sie diesmal die Begründungen, warum es nicht geht, einfach weg. Denn wahrscheinlich haben Sie schon öfters über die Gründe gesprochen, die zwischen Ihnen und Ihrer Liebe stehen.

Jetzt geht es darum, was Sie wollen.

(Das macht natürlich keinen Sinn, wenn Sie sich gerade in einer Verliebtheitsphase mit Ihrem Partner befinden. In diesem Fall überspringen Sie einfach diesen Vorschlag.)

Sitzung 2 Szene 6

Er: Das wird ja immer wieder deutlich, dass es
so ein Kreislauf ist irgendwie ... [1]
W: Es könnte ja sein, dass, wenn Sie anfangen,
sich nach den Blumen umzuschauen, dass
Sie dann Ihre Blume entdecken. Ich weiß
schon, da auf dieser Wiese, da sind tausend
oder abertausende von Gänseblümchen, ...
Er: Hm.
W: ... aber vielleicht ist dabei eines, das wirklich
für Sie gedacht ist. Nur wenn Sie da durch-
marschieren und denken »Die sind für alle
möglichen Leute, aber nicht für mich«,
dann schauen Sie sich die nicht so genau
an. Nur wenn Sie Ausschau halten, vielleicht ... ?
Er: Hm.[2] [allgemeines nachdenkliches Brum-
meln]

[1] Da er akzeptiert, dass
es ein Kreis ist, kann ich
ihm zeigen, wie er den
Kreisprozess aufrecht
erhält.

[2] Ich kann zwar keine
Gedanken lesen, aber in
dem nachdenklichen
Moment sind bestimmt
optimistischere Gedan-
ken im Raum, als bei
unserem ersten Treffen.

Wo beginnt ein Kreis?

Wie würden Sie einen Kreis zu Papier bringen? Die meisten Menschen denken spontan an einen Stift, den sie aufs Papier setzen und damit eine Linie so lange im Kreis ziehen, bis sie am Anfangspunkt angekommen sind. Dadurch hat dieser Kreis einen willkürlichen Anfang und ein vorgegebenes Ende. Man könnte aber auch einen Kreis mit Hilfe eines Stempels drucken. In diesem Fall würden alle Stellen des Kreises gleichzeitig erscheinen. Niemand könnte mehr sagen, wo der Kreis angefangen hat oder wo er endet. Der Kreis wäre als Ganzes ohne Anfang oder Ende entstanden.

Wenn einer der Partner mir über einen Konflikt aus seiner Beziehung berichtet, dann setzt er meistens den anderen als Auslöser der Geschichte an den Anfang. Schildert dann der Partner seine Sichtweise, beginnt er mit einem Verhalten des anderen, das vor seinem eigenen stattfindet. Im weiteren Gespräch gibt der erste als Ursache dieses Verhaltens, ein früheres Verhalten seines Partners an usw. Beide erleben den Kreis als Resultat einer Linie, die beim anderen angefangen hat.

Nehmen wir an, Sie haben einen Kreis mit einem Stift gezeichnet und sind ihn so lange nachgefahren, bis Ihr Startpunkt nicht mehr erkennbar ist. Jetzt kommt jemand dazu und Sie fragen ihn: »Wo fängt dieser Kreis an?« Dann antwortet er: »Das kann ich nicht sagen, es ist eben ein Kreis ohne Anfang und ohne Ende.« Da Sie aber das ursprüngliche Bild des Kreises kennen, würden Sie vor Ihrem geistigen Auge noch einen Anfang sehen, den der neu Hinzugekommene natürlich nicht sehen kann.

Gehen wir mit dem Gedankenexperiment noch einen Schritt weiter. Nehmen wir an, ich hätte Sie gebeten, den Kreis mit verbundenen Augen zu zeichnen. Setzen wir weiterhin voraus, Sie könnten gut Freihandzeichnen, dann käme auch unter diesen Bedingungen ein gleichmäßig geformter Kreis zustande, von dem man, durch die mehrfache Übermalung der Linie, nicht mehr sagen könnte, wo er angefangen hat. Wenn Sie jetzt die Augenbinde abnehmen und den Kreis ansehen, würden Sie zwar auch keinen Anfang mehr erkennen können, aber Sie glauben, Sie wüssten noch, wo der Kreis angefangen hat. Sie würden auf eine Stelle deuten, die zwar nicht anders aussieht als eine x-beliebige andere Stelle, aber in Ihrer Vorstellung wäre diese Stelle der Anfang des Kreises, und Sie würden dafür kleine bestätigende Anzeichen entdecken. Wenn ich Ihnen nun sage, dass ich das Blatt, nachdem Sie mit dem Zeichnen begonnen haben, um 180 Grad gedreht habe, würden Sie sich reingelegt fühlen, aber dann doch an der gegenüberliegenden Stelle den Anfang suchen. Ich könnte das Gedankenexperiment noch eine Zeit lang weiterführen und immer komplizierter machen, bis Sie sagen würden:»Das ist doch egal, wo der Kreis begonnen hat, jetzt ist es auf jeden Fall ein Kreis ohne Anfang und ohne Ende.«

Es wäre schön, wenn Annemarie und Anton, oder auch Sie, das lesende Paar, von Ihrem Konflikt sagen – und empfinden könnten –, dies ist ein Kreisprozess ohne Anfang, der sich aber endlos weiter dreht.

In einer Partnerbeziehung hat für jeden der Kreisprozess beim Partner begonnen und wird von ihm aufrechterhalten. Jeder verhält sich auf seine Weise, weil der andere sich vorher so verhalten hat. Beide erleben sich als»nur« auf den anderen reagierend. Keiner der beiden kann erkennen, dass sie beide Teil eines Kreises von Wechselwirkungen sind, den sie gemeinsam aufrechterhalten.

Da in einer Partnerbeziehung beide Parteien subjektiv sind, d.h. blind für eine objektive Wirklichkeit, werden beide ihre Vorstellung im Kopf haben, wo der Kreis angefangen hat. Der Beobachter der hinzukommt, nachdem beide Partner ihren Kreis zum x-ten Mal wiederholt haben, wird leichter als die Beteiligten den Kreis als Ganzes sehen können. Für ihn würde der Kreis so aussehen, als wäre er mit einem Stempel entstanden. Das ist die Sichtweise, die ich versuche, gegenüber Annemarie und Anton einzunehmen. Und das ist die Sichtweise, die ich Paaren, die in einem Teufelskreis der Schuldvorwürfe stecken, vermitteln möchte.

Jetzt kommt die gute Nachricht: Da jeder der beiden Partner seinen Teil dazu beiträgt, dass der Kreis rund läuft und man keinen Anfang braucht, um ihn aufzurollen, kann auch jeder den Ablauf unterbrechen. Annemarie und auch Anton können den Teufelskreis zum Stillstand bringen. Das nötige Zauberwort heißt »obwohl«. Ich biete es Anton in dieser Szene an. Ich schlage ihm vor, obwohl Annemarie ihm die Zuwendung verweigert – also das Füttern von Selbstwert –, solle er sich nach ihr umschauen. Ich versuche, ihm dabei die Chance aufzuzeigen, was er dann entdecken könnte.

Nachdem ich in der vorhergehenden Szene Annemarie gezeigt habe, wo sie den Teufelskreis anhalten kann, haben jetzt beide ihre Zauberformel erhalten. Jetzt müssen sie diese nur noch umsetzten. Natürlich ist das nicht so einfach. Es ist nötig, die Überzeugung innerlich loszulassen, man kenne den Anfang und dort wäre auch die Lösung für das Ende des Teufelskreises, aber dieser Glaube ist eben das teuflische am Teufelskreis.

Wenn man aufhört, darüber nachzudenken »Wer hat angefangen?«, kann man anfangen, darüber nachzudenken: »Wie kann ich aufhören?« Und das ist bei einem Kreisprozess sehr viel effektiver. Die Chancen, die sich dann für Anton auftun würden, wollte ich ihm mit meinen Ideen nahe bringen.

Sitzung 3

Sitzung 3 Szene 1

W: Wo sind Sie, und was ist Ihnen im Moment wichtig? Letztes Mal ging es Ihnen ja recht gut.

Er: Ja, eigentlich immer noch. Allerdings war ich die ganze Woche nicht zu Hause [lacht].[1]

W: Das ist die Frage.[2]

Er: [lacht] Ja [erkennt die doppelte Bedeutung und lacht lauter], schon wieder eine Bedeutung ...

W: Wo *ist* man? [lachend] Es ist kein Entkommen von diesem Thema. Sie waren die ganze Woche verreist. Ich weiß natürlich, wie Sie es gemeint haben. Für Ihren Arbeitgeber waren Sie unterwegs, [an sie] aber wo war er für Sie?

Sie: [überlegt][3] Ja, zumindest war er mehr anwesend als sonst.

W: Sie haben ihn mehr gespürt?

Sie: Ja.

W: Schön.

Er: Es entstehen noch Zeichen und Wunder.[4]

W: [lacht] Sie beide haben sie entstehen lassen... Und haben Sie Ihre Frau auch gespürt?

Er: Ja, ich habe sogar ein paar Mal angerufen, was ich früher täglich gemacht habe, aber

1 Ich denke, dass er mit seinem Lachen sagen will: Ich weiß schon, Sie werden sagen: »Es war keine große Leistung, in der Zeit, in der wir *nicht* zusammen waren, keine Probleme in der Partnerbeziehung zu haben.«

2 Es ist mir deshalb wichtig, darauf hinzuweisen, dass die Beziehung nicht unterbrochen wird, nur weil man verreist ist.

3 Da sie etwas über die Antwort nachdenkt, kann ich ihre Erwiderung gut annehmen. Ich hoffe, dass auch er diese positive Beurteilung bewusst wahrnimmt.

4 Ja, er hat es gehört, aber er tut sich schwer – wie viele Menschen –, Komplimente einfach anzunehmen. Er kann den »Lohn« nicht einfach einstecken, sondern leitet ihn gleich weiter an eine höhere Gewalt.

in letzter Zeit ist das etwas verloren gegangen.

W: Sie haben angerufen oder Sie wollten anrufen. D.h. haben Sie angerufen oder »gewollt angerufen« oder beides?[5]

Er: Ja, also ich habe gewollt angerufen ... [lacht]. Man muss hier aber höllisch aufpassen. [Alle lachen][6]

W: Da muss ich Ihnen Recht geben! Wir gehen hier auf einem Boden, bei dem es darauf ankommt, dass Sie sicher rüberkommen – über die dünne Eisfläche – und nicht einbrechen. Automatisch, wenn Menschen so ein Verhältnis haben wie Sie beide, und einer sagt »ich habe angerufen«, denkt der auf der anderen Seite sofort »wollte er auch?«. Und das Nachdenken geht sofort los, ...

5 Genauso wie es nicht reicht, auf den Sportplatz nur mitzugehen oder die gleiche Strecke zu wandern, reicht es auch nicht, nur anzurufen. Zumindest macht es einen großen Unterschied, ob man *nur* anruft oder ob man den anderen auch tatsächlich sprechen will.

6 Ich habe in den vorangegangenen Sitzungen zeigen können, dass meine »Spitzfindigkeiten« nicht Zurechtweisungen sind, sondern ich will damit Bedeutungen aufdecken, die unbewusst mitkommuniziert werden und reale Konsequenzen im Handeln haben. Deshalb können die beiden meine Interventionen lachend akzeptieren und erwarten nicht, dass wir Smalltalk machen. Die Konvention in einer normalen Unterhaltung bestimmt, dass unterschwellige Bedeutungen nicht weiter beachtet werden dürfen.

Ein dreidimensionales Objekt erfassen – mit einer zweidimensionalen Kamera

Wenn man ein dreidimensionales Objekt genau darstellen will, aber nur eine Kamera hat, die zweidimensionale Bilder machen kann, dann muss man möglichst viele Bilder aus verschiedenen Perspektiven anfertigen. Je mehr Perspektiven man ablichtet, desto besser kann man sich die Räumlichkeit des Objekts vorstellen.

Falls dieses Objekt sich ständig dreht und wendet und immer wieder neue Perspektiven zeigt, muss man fortwährend eine Kamera bereithalten, um im richtigen Moment eine Aufnahme zu machen. Wenn es sich um ein Objekt handelt, dass nicht so regelmäßig geformt ist wie ein Ball oder Würfel, dann wird man oft nicht merken, dass es sich immer noch um dasselbe Objekt handelt, nur aus einer unbekannten Perspektive.

Als Therapeut muss man immer nach dem ausgewähltem Objekt Ausschau halten, nämlich dem Beziehungsspiel des Paares. Dieses Spiel oder dessen Regeln sind für uns nicht direkt sichtbar. Es wird nur erkennbar, wenn man viele verschiedene Beispiele des Spiels beobachtet hat. Diese Beispiele verhalten sich zum Spiel selbst, wie zweidimensionale Sichtweisen zu einem dreidimensionalen Objekt.

Das Beziehungsspiel oder die Beziehungsregeln, die unbewusst die Abläufe in einer Beziehung kontrollieren, kann man nicht direkt beobachten. Man kann sie nur in verschiedenen konkreten Verhaltensabläufen in einer Partnerbeziehung entdecken. Es ist notwendig alle Bemerkungen, die potenziell das gesuchte Objekt sein könnten, nach Hinweisen abzusuchen, ob sie eine neue Perspektive des zentralen Themas sind. Nur so kann man die Dreidimensionalität des Objekts begreifen, wenn man nur flache Bilder zur Verfügung hat.

In dem man das Muster in den unterschiedlichsten Situationen wahrnimmt, wird langsam ein »dreidimensionales Objekt« daraus. Man begreift allmählich, um was es eigentlich geht. Von Interesse ist nicht der geschilderte aktuelle Vorfall, sondern das Muster, das dahinter steht. Je mehr Situationen man in diesem Sinne durchleuchtet, desto deutlicher wird das Muster werden.

Wenn dieses Muster vom Paar erkannt wird, dann *muss* es neue Umgangsformen miteinander entwickeln, weil es das alte Spiel jetzt nicht mehr naiv weiterführen kann. Dadurch erhöhen sich die Chancen, dass das Paar alle zukünftigen Situationen besser meistern kann. In meiner Arbeit mit Paaren geht es zwar inhaltlich immer wieder um neue Beispiele aus dem aktuellen Leben des Paares, aber tatsächlich geht es immer um das gleiche Beziehungsspiel, das immer besser begriffen werden soll.

Vorschlag 13 | Versuchen Sie, zwei Streitsituationen zu finden, die zwar vom Inhalt – der Streitanlass – zwei ganz andere Situationen waren, aber vielleicht nur zwei Perspektiven des gleichen Spiels zwischen Ihnen darstellen.

Z.B.: Einmal ging der Streit um die Rücksichtnahme beim Aufräumen der Küche, und das andere Mal hat man wegen eines unerledigten Briefes gestritten oder einer fehlenden Aufmerksamkeit auf einem gemeinsam besuchten Fest, oder ...
In jedem Fall fühlte sich ein Partner vernachlässigt und der andere überfordert durch den Partner.

 Situation 1:
Anlass war ...

Situation 2:
Anlass war ...

Die Gemeinsamkeit der beiden Situationen war ...

Sitzung 3 Szene 2

Sie: ... Wenn es die Stresssituation mit meiner
Mutter früher am Telefon gegeben hat, kam
von Dir immer:»Ach, jetzt rege dich doch
nicht schon wieder auf, vergiss es und leg
auf, und die Sache ist erledigt.« Da habe ich
schon x-mal gesagt, du könntest doch einmal sagen:»Ich verstehe ja, dass du dich
darüber aufregst und ärgerst.« Dann wäre
die Situation die gleiche, aber mir ginge es
besser.[1] Das hast du nie gelernt, obwohl ich
es Dir gesagt habe.

Er: Heute würde mir das vielleicht leichter fallen. [Alle lachen laut]

[1] Den Wunsch haben viele Partner. In der Regel führt es zu endlosen Diskussionen, bei denen beide Recht behalten. Die positive Beziehungsatmosphäre bei Annemarie und Anton erlaubt jetzt Zugeständnisse, die nicht mehr mit »Recht haben« verbunden sind, sondern nur mit dem Verstehen eines Wunsches des Partners und dem Versuch, diesem nachzukommen.

Jetzt geht es ans Eingemachte

Wenn eine erste Gesprächsgrundlage geformt ist, beginne ich, von mir aus Problemthemen einzubringen. Es sind Themen, die ich vom Paar am Anfang der Gespräche erfahren habe und von denen ich weiß, dass sie auch vom Inhalt her für das Paar wichtig sind. Es geht jetzt nicht mehr um die so genannten Lappalien des Alltags, sondern um existenzielle Themen, z.B. Kinderwunsch, Berufs- oder Wohnortentscheidungen. In anderen Worten:»Jetzt geht es an das Eingemachte«. Bei Annemarie und Anton geht es um den Umgang mit Geld. Jetzt zeigt sich, ob der Kommunikationsstil sich tatsächlich verändert hat.

Wer Skifahren lernt, wird dies erst auf den sanften Hängen üben und nicht auf der Steilabfahrt. Erst wenn man die richtige Skitechnik auf dem einfachen Hügel beherrscht, sollte man sich an die schwereren Abfahrten herantrauen. Wenn bei der ersten schweren Piste die Anfängerängste wieder zurückkehren, wird man schnell die mühsam erlernte Haltung aufgeben und verkrampft versuchen, wieder einen sicheren Halt zu gewinnen. Das sieht dann meist nicht sehr schön aus. Aber im Gegensatz zu den ersten Übungstagen weiß man zumindest danach, was man falsch gemacht hat, auch wenn man es nicht umsetzen konnte.

Die Umsetzung wird zunehmend besser durchs Üben, aber auch weil die Angst sich immer mehr verliert und man jetzt die Bewegungen machen kann, die einen ursprünglich sehr beunruhigt haben. Etwa die Ski mit ihren Spitzen kurz in Richtung Tal stellen, damit man sie von der einen Seite zur anderen umsetzen kann.

Annemarie und Anton haben jetzt schon einige Hügel geschafft, ohne die Blessuren früherer Versuche zu erleiden. Es ist also Zeit, sie auf den etwas steileren Berg mitzunehmen. Natürlich ist das nicht ganz gefahrlos, aber wenn man die Lebendigkeit in der Partnerbeziehung wieder erlangen will, muss man auch kalkulierte Risiken eingehen. Es wird ihnen hoffentlich auch in der erschwerten Situation möglich sein, die Skispitzen in die abschüssige Richtung zu bringen, über die man keine Kontrolle hat. D.h. offen zu sein für den Partner, auch wenn es das Risiko der Verletzung durch ihn bedeuten kann.

Vorschlag 14 | Versuchen Sie, für sich festzustellen, wie mutig Sie in Ihrer Partnerbeziehung zurzeit sind. Welche heiklen Themen klammern Sie mehr oder weniger bewusst aus Ihrer Beziehung aus?

Tauschen Sie sich über dieses Thema nur aus, wenn Sie beide sich dazu bereit fühlen!

 Es ist noch zu früh für uns, das heikle Thema ...

aufzurollen. Aber wir werden am ...

überprüfen, ob wir es dann besprechen können.

 Wir klammern im Moment aus ...

Sie: Also was mich angeht, ich habe mich in letzter Zeit bemüht, die Kontobewegungen, die auf seinem[1] Konto [lacht][2] stattgefunden haben, ihm mitzuteilen, wenn sie von mir ausgegangen sind ... [die Stimme verliert sich etwas mit einem unsicheren Unterton]

W: Ich verstehe, Sie haben versucht, von Ihrer Seite aus Offenheit rein zu bringen. Zumindest, was das Finanzielle angeht. [zu ihm] Haben Sie das wahrgenommen?

Er: [verneinend][3] Mhm.

W: Erzählen Sie?

Er: [lacht und antwortet anerkennend] Ne, also ... ja, ich hab schon wahrgenommen[4] ... Aber meine grundsätzliche Meinung ist, man sollte vorher erwähnen, bevor man das Geld ausgibt, und nicht hinterher eine Mitteilung erhalten:»Ich habe das jetzt ausgegeben.« Das ist, bis auf Ausnahmen, eigentlich nicht passiert.

W: Also, es gibt Momente, wo Ihre Frau sagt:»Du, ich muss morgen Geld abheben, weil ich das morgen bezahlen muss.« Das gibt es?[5]

Er: Ja, z.B. Geburtstagsgeschenke kaufen für die Kinder. Das gibt es.

W: Aber noch nicht oft genug?

Er: [wiegt zweifelnd den Kopf] Um Ihnen ein Beispiel zu bringen. Nachdem ich in den letzten Monaten nichts mehr gesagt habe, hat sie gesagt:»Ich habe 500 Mark verbraucht, aber habe alle Rechnungen darüber.« Danach ist nichts mehr passiert, und ich habe dann nichts mehr dazu ge-

1 Hm, was hat Sie mit *seinem* Konto zu tun?

2 Ich würde mich nicht wundern, wenn ihr Lachen Unsicherheit bedeutet. Es wäre verständlich, denn wir nähern uns einem sehr »steilen« Thema ...

3 ... und schon liegt sie im Schnee.

4 Aber er erinnert sich noch kurz daran, was er in der »Skischule« gelernt hat und setzt seine »Ski in Richtung Tal«. D.h., er erkennt ihre Veränderung an, was in der alten Denkweise seine Position schwächen würde.

5 Ich habe seinen Begriff »erwähnen« wörtlich genommen und ihn dadurch missverstanden, wie man später sieht.

sagt, obwohl *das* nicht so ist, wie ich mir das vorgestellt habe. Aber jetzt lassen wir das mal. Also das ist nach wie vor ein unterschwelliges Thema.[6]

W: Es schwelt noch so.

Er: So muss man wohl sagen.

W: [zu ihr] Wissen Sie, wie er es sich vorstellt?

Sie: Nee!

6 »Unterschwelliges Thema« heißt: Es liegt noch unter der Schwelle, bei der man es ansprechen müsste. Aber das bedeutet, es schwelt noch und kann jederzeit zum Brand werden, wenn man es nicht aufdeckt.

Wann ist man mutig in einem Streit?

Annemarie und Anton haben sich mit mir für die Bewältigung eines Bergs entschieden – eines heiklen Themas, das ans »Eingemachte« geht. Beide wissen, um was es geht, aber sie wissen noch wenig darüber, welche Wünsche und Ängste der jeweils andere hat. Ich habe sehr viel Respekt vor dem Mut der Paare, sich einem Konflikt in einer Beziehung zu stellen.

Viele meinen, dass sie sich mutig auf einen Konflikt einlassen, wenn sie heftig miteinander streiten. Sie wähnen sich auch tapferer als ihr Partner, wenn dieser bewusst den Konflikten aus dem Weg geht. Aber ich sehe das anders: In vielen Fällen vermeiden beide auf unterschiedliche Weise die Auseinandersetzung miteinander.

In einem Streit unterscheide ich zwischen zwei verschiedenen Körpergefühlen: einem aufregenden, aber bekannten Gefühl und einem aufregenden, aber ungewohnten Gefühl, bei dem man fast die Luft anhält. Wenn man nach einer schwierigen Abfahrt ganz außer Atem ist, dann liegt es meist nicht an der Anstrengung, sondern am unbewussten Luftanhalten.

Wenn man »Nächte lang« mit dem Partner gestritten hat, dann ist es oft fraglich, ob man sich wirklich mit dem Partner gestritten hat. Man hat höchstens seinen Kummer, Ärger oder seine Traurigkeit von sich gegeben. Aber möglicherweise hat man vermieden, sich *mit* dem Partner zu streiten. »Mit« würde ja eine *gemeinsame* Aktion bedeuten.

Sich mit dem Partner zu streiten, bedarf der eigenen Öffnung für die Sichtweisen des Partners. Die Sicht des Partners ist nahe liegender Weise diametral anders als die eigene, sonst gäbe es keinen Streit. Offen zu sein für die Argumente des Partner bedeutet aber ein Risiko der Verletzung. Man könnte etwas hören, das wehtun könnte. Es beinhaltet zudem das Gefühl des Neuen: Ich höre etwas, das ich noch nicht kenne.

Man kann das Ganze auch umdrehen. Wenn ich in einem Streit meine vertraute Aufregung spüre, dann fahre ich wahrscheinlich gerade zum x-ten Mal den Idiotenhügel hinunter. Ich spule meine alten Statements ab und versuche nicht, etwas Neues vom Partner zu erfahren. (Es ist wie das unüberlegte »Draufhauen« in der Tennismetapher auf S. 50ff.)

Ganz anders fühlt es sich an, wenn ich im Streit die Luft anhalte, weil es jetzt auf andere Weise aufregend wird. D.h., ich stelle jetzt die Ski in die Richtung, in der ich weniger Kontrolle habe. Es kann nun ganz schnell bergab gehen, und ich kann eine eventuelle Verletzung nicht verhindern. Ich spüre aber auch die Aufregung des möglichen Erfolgs: Wenn ich diese Öffnung zulasse und wir beide zu einer Einigung kommen, dann ist die Nacht gerettet ...

Annemarie und Anton stehen vor einer steilen Abfahrt, deshalb habe ich sehr viel Respekt vor Ihrem Mut.

Vorschlag 15 |

Beobachten Sie bei Ihrer nächsten Auseinandersetzung Ihre Aufregung.

Bemerken Sie auch eine Form der Aufregung, die anzeigt, dass Sie jetzt einen neuen Weg wagen, also eine Öffnung gegenüber dem Partner?

Halten Sie den Moment innerlich fest, wenn Ihre Aufregung »wie Luftanhalten« ist. Beschreiben Sie den Augenblick in ein paar kurzen Worten.

Tauschen Sie Ihre Erlebnisse erst aus, wenn Sie beide eine Eintragung gemacht haben.

○ Ich habe keine Ahnung, von welcher Aufregung hier die Rede ist.

○ Ich weiß genau, was mit der Unterscheidung gemeint ist.

 In diesem Moment merkte ich: Jetzt probiere ich etwas Neues aus, ich verhalte mich anders als üblicherweise in unseren Auseinandersetzungen:

Sitzung 3 Szene 4

W: [zu ihr] Wollen Sie ihn fragen? Ich meine es
ernst. Wollen Sie ihn wirklich fragen, wie er
sich das mit seinem Konto vorstellt?

Sie: [verwundert zu ihm] Wo ist das Problem?

W: [nach Worten suchend] Mir ist es wichtig,
dass Sie ihn wirklich fragen. Es gibt zwei
Arten von Fragen: Es gibt eine Frage, wo ich
etwas wissen will, und es gibt eine rhetorische Frage, wo ich schon die Antwort weiß.
Ok?[1]

Sie: [zu ihm] Was ist für dich das Problem?

W: [dazwischen gehend] Können Sie ihr das
abnehmen? Will sie es jetzt wirklich wissen?

Er: Ja, ja, das nehme ich ihr schon ab.

W: [zieht seinen Stuhl etwas zurück] [2]

Er: Für mich ist das Problem, dass es unser
gemeinsames Geld ist, und dann sollten wir
auch gemeinsam entscheiden darüber,
wofür wir es ausgeben. Und wenn du es
schon ausgibst, bevor wir darüber geredet
haben, dann fühle ich mich halt ausgeschlossen.[3]

Sie: [In ironischem Ton] Wie du vorhin es so
nett angesprochen hast, bei den Geburts-
tagen der Kinder, die gerade waren: Da
kommst du überhaupt nicht auf die Idee
[an W.], dass man nicht einen Tag vorher ein
Geburtstaggeschenk kauft ist auch klar –,
dass du einen Monat vorher sagst: »Da
kommt doch der und der dran, wie ist das,
was machen wir denn?« Nichts! Nichts!
[an W.] [empört] Er lässt es wirklich darauf
ankommen, dass ich das mache und hinterher, dann wundert er sich, wo ich das Geld
ausgebe ...

1 Ich kann fragen und
mich öffnen für eine
Antwort, oder mit mei-
ner Antwort auf meine
eigene Frage dem Part-
ner den Zugang zu mir
versperren.

2 Ich ziehe mich etwas
zurück, nachdem ich ih-
nen erklärt habe, an wel-
chem »Berg« sie jetzt
stehen. Ich muss ihnen
andererseits auch die
Möglichkeit geben,
selbstständig runterzu-
fahren.

3 Es ist so neu für sie,
dass er sich ausgeschlos-
sen fühlt, dass sie es an
dieser Stelle noch nicht
hören kann. Die folgen-
de Rede ist eine lange
Rechtfertigung und
damit auch Anklage an
Anton, aber so erfährt
sie eben nichts Neues
von ihm.

Er: [vorsichtig] Ich habe doch schon vorher
gefragt?

Sie: Ja, weißt du wie lange vorher?

Er: [kleinlaut] Ja ...

Sie: Ich kann doch nicht immer erst einen Tag
vorher alles erledigen. Ich habe das Gefühl,
das interessiert dich gar nicht. [leichter Widerspruch von ihm] Du erzählst mir, wie
viele Millionen du für die Firma umschef-
felst, aber die paar hundert Mark zu Hause...

Er: [bricht empört in Lachen aus] Aber da ist ja
ein himmelweiter Unterschied!

Sie: [an W] Das ist aber wirklich wahr. Dort
macht er sich Gedanken, aber wenn es
um's eigene geht ... Statt vorher zu sagen:
»Hör mal, das steht jetzt an ... « Es wird
mir im Prinzip überlassen und dann gemek-
kert, dass ich es mache.

W: Hmm.

Sie: Ich weiß nicht mehr, von welchen 500
Mark du da gesprochen hast, wo ich gesagt
haben soll, ich habe die Quittungen ... Es
ist für mich eine Wahnsinnsbelastung, immer daran zu denken: »Ach, Gott im Himmel, ja, da musst du die Quittung aufhe-
ben.« Das ist ein Gewirtschafte, das nervt
mich total. Aber ich mach's. Dann habe ich
die irgendwo in der Schublade liegen, und
wenn ich gut bin, schreibe ich auch noch
drauf, wofür ich sie ausgegeben habe, aber
manchmal vergesse ich es auch. [Mit Beto-
nung] Danach nachzuhaken: »Wofür waren
die 5 Mark 95?« Das ist jetzt etwas übertrie-
ben, aber, dass da keine Vertrauensbasis da
ist in der Form: »Na ja, das muss ich ihr
[meiner Frau] auch zugestehen, das ist un-

ser gemeinsames Konto, und sie wird das
schon entsprechend machen.«
W: Aber, wissen Sie jetzt eigentlich ...
Sie: Ich frage ihn doch auch nicht, wie er das
Geld ausgibt. Ich kümmere mich nicht darum, was mit dem Geld ist. Ich habe das
volle Vertrauen, dass er es mit Sicherheit
nicht für irgendetwas ... er macht es richtig
– sag ich mal so. Ich bohr auch nicht nach.
W: Haben Sie jetzt eine Antwort auf Ihre Frage
bekommen?
Sie: Nee![4]
W: Vielleicht müssen Sie schauen, eine Antwort
zu bekommen ...
Sie: Ich versuche, es verständlich zu machen,
damit es für ihn kein Problem ist. Aber es
ändert sich nichts ...[5]
W: Nach meiner Erfahrung ist es eine natürliche Reaktion, wenn ich etwas frage, und ich
bekomme eine Antwort, mit der ich nichts
anfangen kann. Wenn ich demnach denke:
»Das macht keinen Sinn. Das verstehe ich
nicht. Das kann es doch nicht sein.« Dann
kommt bei mir ganz natürlich die Reaktion,
zu sagen: [mit Vehemenz] »Also lass Dir
mal erklären, das ist so und so.« Ich sage
also meine Position! Und der andere sagt
dann: [W. lehnt sich demonstrativ zurück]:
»Ich lass meine Frau mal sagen, was sie so
denkt.«
Sie: Das ist für ihn sowieso das Liebste.
W: [lacht] Aber Sie machen es ihm ...
Sie: ... zu einfach.
W: Ich will Sie etwas provozieren: Sie machen
es ihm zu einfach.[6] Fragen Sie doch nochmals nach ...
Sie: [zu W] Wo das Problem jetzt ist?

4 Ich versuche, sie an
dieser Stelle wieder zur
Ausgangssituation zu-
rückzuholen. Eigentlich
sollte sie etwas bekom-
men – eine Antwort,
aber sie gibt ständig
etwas – eine Rechtferti-
gung.

5 Das ist wahrscheinlich
der häufigste Fehler in
allen Ehekrächen. Man
glaubt, man könnte den
Streit beenden, indem
man dem Partner etwas
erklärt, dabei kann man
ihn nur beenden, indem
man den Partner hört.

6 Warum Annemarie es
ihrem Mann zu einfach
macht, werde ich später
beschreiben.

W: Genau.

Sie: [etwas ungeduldig zu ihm] Wo ist das Problem?

Er: [nach einer kurzen Pause] Langsam, welches Problem?

Sie: Dein Problem, dass du damit hast, dass ich Geld ausgegeben habe für etwas, das wir brauchen, was immer es auch gewesen sein mag, das sowieso ausgegeben worden wäre. Ob du es vorher oder hinterher weißt. Wo ist das Problem?

Er: [kurze Pause] Ja, du gehst davon aus, dass es sowieso ausgegeben worden wäre.

Sie: Ja, klar!

Er: Ich gehe davon aus, dass wenn wir erst einmal darüber geredet hätten, wäre das eine oder andere nicht ausgegeben worden.[7]

7 Er leitet selbst weg von dem Thema, das ihn beschäftigt, denn es geht ihm darum, dass er von der Entscheidung ausgeschlossen wurde, und nicht um die Frage, ob die Entscheidung falsch war. (siehe »Ich fühle mich ausgeschlossen« am Anfang dieser Szene).

Wie stellt man eine Frage?

Jeder ist in seinem Leben schon einmal ausgefragt worden, in einer Situation, in der es darauf ankommt, die richtigen Antworten zu geben. In der Schule, im Vorstellungsgespräch etc. In so einer mündlichen Prüfung z.b. an der Universität, kommt es manchmal vor, dass sich der Beisitzer denkt:»Will der Prüfer sich nur gerne reden hören? Ich denke, er hat eine Frage gestellt, aber hat doch darauf noch keine verständliche Antwort erhalten? Wieso erklärt er dann jetzt seine Position?« Diese Situation ist sehr bequem für den Prüfling. Er braucht nur noch zu nicken, und es wirkt so, als hätte er eine befriedigende Antwort auf die gestellte Frage gegeben. Er kann sich zufrieden zurücklehnen wie Anton, der seine Frau einfach sagen lässt,»was sie so denkt.«

Woher kommt es, dass ein intelligenter Universitätsprofessor vergisst, dass er nicht eine Vorlesung, sondern ein Prüfung abhalten soll?

Es gibt zwei verschiedene Haltungen, mit denen man eine Frage stellen kann. Man kann entweder sich beim Stellen der Frage schon vorstellen, wie die Antwort auszufallen hat, oder man kann einfach abwarten, welche Antwort man wohl erhalten wird. Je mehr man die erste Haltung einnimmt, desto wahrscheinlicher ist es, dass man die Prüfung mit einer Vorlesung verwechselt.

Wenn ich als Prüfer eine offene Haltung beim Stellen der Frage einnehme, dann könnte ich auch Neues erfahren, dass im Widerspruch zu meinem Gedankengebäude steht. Ich müsste also entweder triftige Gründe finden, warum diese neue Information Unsinn ist, oder ich müsste mein Theoriegebäude umbauen. Aber ein Umbau ist etwas sehr Anstrengendes, und viele Menschen ziehen vor, in ihrem alten Mief zu verharren, um die Schufterei eines Umbaus zu vermeiden. Es ist aber nicht nur Bequemlichkeit, die sie davon abhält, sondern auch die Angst, die alte Sicherheit, so wacklig sie auch war, ganz zu verlieren.

Deshalb beantworten Professoren eigene Fragen manchmal lieber selbst, bevor sie vielleicht eine bedrohlich Antwort vom Prüfling erhalten, die sie dazu zwingen könnte, ihr Gedankengebäude umzubauen.

Als Anton seine erste Antwort auf Annemaries »Prüfungsfrage« gibt, antwortet er mit »dann fühle ich mich halt ausgeschlossen«. Das passt aber gar nicht in das Gedankengebäude von Annemarie. Bei ihrer Frage dachte sie mehr an den Themenkomplex »Vertrauen – Misstrauen«. Sie fährt deshalb fort, ihm zu sagen, um was es »eigentlich« geht, statt zu hören, was er zur Beantwortung der Frage beitragen könnte. Dadurch erfährt sie zu einem nichts Neues und zum anderen macht sie es ihm tatsächlich leicht, sich zurückzulehnen.

Vorschlag 16 | Beobachten Sie sich selbst, wie Sie Fragen stellen.

Nehmen Sie einmal bewusst wahr und überprüfen Sie selbst, wenn Sie von Ihrem Partner etwas wissen wollen: Machen Sie nach dem Fragezeichen wirklich halt, oder glauben Sie noch weitere Erklärungen »nachliefern« zu müssen?

 In dieser Situation habe ich nach dem Fragezeichen einfach weitergeredet und es meinem Partner leicht gemacht, keine Antwort zu geben:

Sitzung 3 Szene 5

W: Von der Logik her gibt es zwei Möglichkeiten beim Geldausgeben: Wenn Sie es miteinander besprechen, dass einer meint, man soll es ausgeben, und der andere meint, man sollte es nicht ausgeben, ist das eine der Möglichkeiten. Die andere ist, dass Sie sich beide einig sind, dass man das Geld ausgeben oder auch nicht ausgeben sollte, das nenne ich jetzt die zweite Möglichkeit. Ich lasse die erste Kategorie, also dass Sie sich uneins sind, erst einmal bei Seite. Nehmen wir mal an, Sie sind sich einig, aber Sie wissen es noch nicht, denn Sie wissen es ja erst, wenn Sie es geklärt haben. Nehmen wir an, Sie fragen Ihren Mann vorher ... Oder lassen Sie mich es anders formulieren. Sie besprechen es vorher mit ihm: »Ich bin der Meinung, wir sollten es so und so ausgeben.« Und er sagt: »Ja, ich bin auch der Meinung, wir sollten es so und so ausgeben.« Dann wird es ausgegeben. Das ist Situation A. Situation B: Sie überlegen sich, weil er nicht da ist – man beachte die Betonung – [allgemeines Kichern],[1] dass Sie das Geld ausgeben. Und er stellt danach fest: »Ja, sie hat das Geld für das ausgegeben, wofür ich auch gewesen wäre. [zu ihr] Aber das wird stimmungsmäßig ganz anders sein, obwohl für die gleiche Sache Geld ausgegeben wurde, und er der gleichen Meinung ist wie Sie, herrscht in Situation B, glaube ich, eine andere Stimmung als in Situation A.[2]

Sie: Völlig richtig!

1 Wir haben jetzt mit dem »Er ist nicht da« einen Begriff, der als Stichwort für das problematische Beziehungsspiel gilt.

2 Auch wenn die reale Handlung in beiden Fällen die gleiche ist, sind die Gefühle unterschiedlich. Es kommt eben nicht nur auf das »was«, sondern auch auf das »wie« an.

W: Das ist zu vermuten. [zu ihm] Auf das wollten Sie hinaus?

Er: Ja!

W: Dann müssen Sie es ihr so sagen.

Er: [platzt raus mit Lachen] Das dachte ich,
habe ich ihr gesagt.

W: Ja, ja, Sie haben ein Beispiel gewählt, wo Sie
unterschiedlicher Meinung sind, das führte
ihre Frau auf den falschen Dampfer. Das
führte sie in die falsche Ecke.

Er: Ach so.

W: Natürlich, wenn Sie unterschiedlicher Meinung sind, dann wird die Sache brisanter,
aber das lenkt ab vom eigentlichen Thema.

Er: Die Situation, wie Sie sie jetzt geschildert
haben, dass beide gleicher Meinung sind,
das gebe ich zu, die habe ich schon gar
nicht mehr registriert.[3]

W: [lacht] Darum habe ich es Ihnen gesagt. Das
ist ja mein Job ... Schauen Sie mal: [denkt
nach] Wir haben angefangen mit der
»schwarzen Tasche«, wo es so aussah, Sie
wären ganz zufrieden mit Ihrer schwarzen
Tasche, leben dann in der schwarzen Tasche, und nur sie ist unzufrieden, denn »er
ist nicht da, wo ich bin«.
Bei der Situation, die wir jetzt besprochen
haben, kommt mir ein ganz anderes Bild:
Ihre Frau verkriecht sich in das Konto und
wurschtelt dort rum, und Sie haben das
Gefühl, sie ist nicht da. Sie ist nicht mit
Ihnen da drinnen. Ich versuchte gerade,
Ihnen beiden das spiegelbildlich zu zeigen.
[zu Anton] Sie haben das Gefühl, ausgeschlossen zu sein, wenn Ihre Frau sich zu-
rückzieht mit dem Konto. [zu Annemarie]
Sie haben genau das gleiche Gefühl, wenn

3 Er hat sich von der
Mitteilung abbringen
lassen, die ihm wichtig
war. Man könnte sagen:
»Er hat sich selber nicht
mehr gehört!«

Anton sich mit der schwarzen Tasche zu-
rückzieht. Auf diese Weise sind Sie beide
immer wieder alleine.

Er: Das ist gut geschildert.

W: Deshalb wäre es wichtig, dass Sie lernen zu
sagen:»Lass mich dort auch hin, ich will
hin zu Dir.«[4] Das ist zwar ein hochtraben-
der Satz, aber ...

[4] Oder wie die Back-
streetboys singen:»You
are missing in my heart.
Tell me why I can't be
there where you are.«
Liebeslieder sprechen oft
eine deutlichere Sprache
als der Umgangston, den
wir uns in unserer All-
tagssprache erlauben

Vor jedem Gespräch sollte man das Verbindungskabel überprüfen

Kleine Kinder sind oft fasziniert vom Telefon. Sie spielen manchmal »telefonieren«, indem sie den Telefonhörer abnehmen und so tun (?), als würden sie jemanden sprechen hören. Es wirkt so, als würden sie auf jeden Fall in ihrem Kopf eine Antwort erhalten, die sie in den Telefonhörer hineinfantasieren. Erwachsene Beobachter lächeln wohlwollend über das geistvolle Kind.

Wenn wir bei einem Erwachsenen das Gleiche beobachten, halten wir ihn nicht für geistvoll, sondern für schrullig. Steht aber unser fantasierter (wir glauben, mit jemanden zu sprechen) Gesprächspartner im gleichen Raum, dann merken wir oft nicht, dass keine Verbindung besteht. Wenn wir das gekappte »Telefonkabel« sehen könnten, würden wir es auch für verrückt halten, unsere Mitteilung in ein totes Telefon zu rufen.

In unserem Alltag sagen wir so oft »Hallo?« ins Telefon, bis wir sicher sind, dass wir von unserem Gesprächspartner gehört werden und er uns hört. Wenn wir unserem Partner in einem persönlichen Gespräch etwas mitteilen, vergessen wir oft das nützliche »Hallo?«. Wir fangen mit unserer Aussage an, bevor wir überprüft haben, ob wir überhaupt eine Leitung zum Partner haben. Wir sprechen zwar, aber in einen Telefonhörer ohne Verbindung.

Als Annemarie das erste Mal fragt: »Was ist dein Problem?«, gibt Anton die Antwort: »dann fühle ich mich halt ausgeschlossen.« Aber zu diesem Zeitpunkt geht die Verbindung wieder verloren bzw. sie war noch nicht stabil. Ich hatte zwar durch meine Vorrede über die rhetorische Frage versucht, eine Standleitung herzustellen, aber es war mir noch nicht gelungen. Dieser Satz verhallte im Raum. Er wurde zwar vom technischen Aufnahmegerät registriert, aber nicht von Annemarie, die bei einer funktionierenden Verbindung darauf eingegangen wäre. Aber auch Anton hat die Verbindung abbrechen lassen, indem er seine Antwort – sein »Hallo« – nicht wiederholt hat, bis Annemarie darauf reagiert. Er lässt sich von einem neuen Thema wie von einem Störgeräusch ablenken.

Wenn ich »Hallo?« in den Hörer rufe, erwarte ich von meinem Gesprächspartner, dass er Kontakt mit mir aufnimmt, indem er meine Anfrage erwidert. Ich erwarte dies, egal ob er mit mir bereits einer Meinung ist oder auch nicht. Es wäre ein merkwürdiges Verhalten, wenn ich mir überlegen würde:»Ich warte erst einmal ab, ob ich seiner Meinung sein kann, bevor ich auf sein ›Hallo?‹ antworte.«

In jedem Gespräch, wie strittig das Thema auch sein mag, sind beide Partner verantwortlich, das Gespräch in Gang zu setzen. Das ist nötig, damit die beiden ihre inhaltlichen Differenzen klären können. Das neutrale »Hallo?« beim Telefonieren ist deshalb sehr nützlich. Die Kontaktaufnahme wäre sehr erschwert, wenn wir statt dieses neutralen Wortes ein Schimpfwort verwenden würden. Dann könnte es uns öfter passieren, dass unser Gesprächspartner vorzieht, gar nichts darauf zu erwidern, und wir hätten keine Leitung, um unsere Mitteilung an den Mann (oder an die Frau) zu bringen.

Wenn Anton und Annemarie zuerst über die Situation sprechen, in der sie unterschiedlicher Meinung über das Geldausgeben sind, dann bauen sie ungewollt eine Störquelle in ihre Leitung ein. Dadurch kann Antons Mitteilung, über das Gefühl ausgeschlossen zu sein, nicht übertragen werden.

Deshalb war es wichtig, erst eine Verbindung durch ein unbelastetes »Hallo?« zu schaffen, indem ich eine mögliche Situation ins Spiel brachte, in der beide gleicher Meinung sind. Als die Leitung stand, konnte ich leichter Antons Bedürfnisse ins Gespräch bringen und sicher sein, dass Annemarie auch noch »in der Leitung bleibt«. Ich konnte über das Gefühl Antons sprechen, dass auch er sich von Annemarie im Stich gelassen fühlt.

Der Schlusssatz war ein Vorschlag für Anton, wie er sich in Zukunft schneller Gehör verschafft. Wenn er sagen würde, was er meint, nämlich dass auch er den Wunsch hat, »lass mich auch dort sein, wo du bist«, dann würde Annemarie vielleicht auch schneller sein »Hallo« beantworten.

Vorschlag 17 | Wann war das letzte Mal, dass Sie beide eine »Standleitung« hergestellt haben, bevor Sie begonnen haben, ein bestimmtes Problem zu diskutieren?

Paare haben erzählt, was sie brauchen, um eine Standleitung herzustellen. Daraus ist die folgende Liste entstanden.

Kreuzen Sie die für Sie nötigen Bestandteile an. Mehrfachnennungen und Ergänzungen sind möglich.

○ Die Ankündigung des Partners, dass er ein schwieriges Thema ansprechen will.
○ Ausreichend Zeit für ein längeres Gespräch, z.B. nicht »kurz vor der Tagesschau«.
○ Ein Gespräch ohne äußere Unterbrechungen, z.B. nicht das Telefon abnehmen.
○ Geistig noch präsent sein können, z.B. nicht unter Alkohol oder mitten in der Nacht.
○ Nicht vor anderen Menschen, z.B. Kindern, (Schwieger-)Eltern, Freunden, Kunden, Kollegen.
○ Erst in das Thema einsteigen, wenn beide Partner Bereitschaft signalisiert haben.

 Ich brauche ...

Falls Sie sich beide auf die gleiche Aufzählung einigen können, dann können Sie diesen Katalog in Zukunft als Checkliste verwenden.

Sitzung 3 Szene 6

W: Es geht nicht um das Konto, es geht nicht darum, ob das Geld für das Richtige ausgegeben wird, sondern nur, ob es gemeinsam ausgegeben wird. Ob Sie beide hinter der Entscheidung stehen. [hektisch, aufgeregt, lustvoll] Wenn Sie beide entscheiden: [klatscht in die Hände]»He, wir kaufen einen Maserati!«[1] ... [lacht] Ich versuche gerade, mir einen Unsinn einfallen zu lassen, ich kenne zwar Ihren Kontostand nicht, aber ich vermute, dass es unvernünftig wäre. Wir verschulden uns bis dahin [macht eine entsprechende Geste am Hals], aber Sie sind beide glücklich in dem Maserati, obwohl Sie kein Haus mehr haben und gar nichts ... [klatscht]

Sie: Gibt's auch kein Problem?

W: [zu ihr] Aber Sie kaufen eine Semmel[2] zu viel, und er sagt:»Die isst doch eh keiner, die wird doch hart!«. [Sie spricht die Worte mit] Und schon haben Sie ein Problem.

Er: Ja.

W: Also hat das nichts mit Geld im Sinne von »einer Summe« zu tun, sondern es hat nur mit dem Thema:»Ist er da, wo ich bin, oder ist sie da, wo ich bin«, zu tun. Bin ich alleine, einsam, verlassen. Oder stehen wir nebeneinander, wenn wir unseren gemeinsamen Geldbeutel leeren.

Sie: Das stimmt. Ja.[3]

1 Wenn ein Beispiel unsinnig genug ist, dann braucht man nicht mehr darüber zu diskutieren, ob es realistisch ist oder nicht. Man kann gleich das Prinzip aufzeigen, das man mit diesem Beispiel erläutern will.

2 Extreme, die nicht zu verwechseln sind, können auch schneller Dinge veranschaulichen.

3 Den Begriff »Er ist nicht da« haben wir jetzt ausgeweitet in »Sie lässt ihn nicht da sein«. Es gibt Situationen, in denen er sich entzieht, und welche, in denen er sich von ihr nicht einbezogen fühlt. Wir haben jetzt eine Sichtweise geschaffen, die der Komplexität der Partnerbeziehung gerechter wird: Nicht nur er geht fremd mit der »schwarzen Tasche«, sondern sie hält ihn auch in der Fremde, indem sie ihn nicht in die Entscheidungen der Haushaltskasse mit einbezieht.

Allzumenschliche Reflexe

Auch wenn wir Menschen nicht nur aus Reflexen bestehen, wie es bei Tieren im Wesentlichen der Fall ist, so unterliegen wir in manchen Situationen doch auch dieser reflexartigen Reaktionsweise. Bei einem lauten Geräusch zucken wir zusammen, und Untersuchungen haben gezeigt, dass rote Autos mehr beachtet werden als grüne. Weder die Schreckreaktion auf den Knall, noch das Auffallen der roten Farbe können wir – in der Regel – kontrollieren. Wir reagieren ohne Überlegung und mit relativ wenig Kontrolle darüber, ob wir diese Handlung ausführen wollen oder nicht. Wenn es neben uns plötzlich knallt, dann ziehen wir mehr oder weniger den Kopf ein, ohne dass wir uns vorher dafür entschieden haben. Es ist eben ein Reflex.

Es gibt aber auch angelernte Reflexe. Diese nennt man konditionierte Reflexe. Wenn Auslöser mit bestimmten Reaktionen gekoppelt werden, dann reagieren wir darauf mit der gleichen Automatik als wären sie angeborene Reflexe. Wenn jemand den Anblick von Blut mit einem bedrohlichen Gefühl assoziiert hat, dann wir jedes plötzliche Wahrnehmen von Blut zu körperlichen Reaktionen der Angst führen, z.b. Ohnmacht. Der Betroffene hat keine Kontrolle darüber, sondern reagiert ganz automatisch.

Es gibt aber auch sehr viel komplexere Reflexe. In einer Partnerbeziehung können bestimmte Sätze wie ein plötzlicher Knall oder ein Tropfen Blut wirken und eine unabsichtliche Reaktion bei einem der Partner auslösen. Diese kann schon durch Kleinigkeiten hervorgerufen werden wie ein bestimmtes Wort oder auch nur ein leichtes Hochziehen der Augenbraue des Partners.

Es kann sein, dass ein Signal des Partners als automatischen Reflex das Gefühl »das ist doch Unsinn« auslöst. In anderen Worten: Einer der beiden spricht ein bestimmtes Wort aus, und der Partner kann nicht anders, als in einer ganzen bestimmten Weise innerlich zu empfinden. Beispielsweise erwähnt einer beiläufig den Namen der Schwiegermutter, ohne über sie reden zu wollen, sondern nur um etwas zu berichten, dass er zufällig (?) durch sie erfahren hat. Schon stellen sich beim Partner alle Nackenhaare auf. Egal, welche Information durch die Schwiegermutter in Erfahrung gebracht worden ist, diese Mitteilung löst sofort ein Gefühl von »so ein Unsinn« aus.

Es kann sein, dass dieser Hinweis in keiner Weise etwas mit der Schwiegermutter zu tun hat (z.b. »Meine Mutter hat im Radio gehört, es soll morgen regnen«). Aber da der Name der »Schwiegermutter« im Satz vorkam, hat der Partner das Gefühl, »das kann nur Unsinn sein«. Wenn die gleiche Information ohne diese Wortkopplung gesprochen worden wäre, dann würde der Partner viel besser abwägen können, ob er die Information als glaubhaft akzeptieren will oder nicht.

Die Signale, die in einer Partnerbeziehung mit der Zeit konditioniert werden, sind oft viel weniger offensichtlich als das Wort »Schwiegermutter« oder ein Augenbrauenhochziehen. Sie sind oft beiden Partnern nicht bewusst. Es ist jedoch sehr nützlich, diese »roten Tücher« zu identifizieren. Wenn man weiß, was ein »rotes Tuch« für den Partner darstellt, dann kann man nämlich besser damit umgehen.

Wenn Annemarie sagt: »Ich habe für x Geld ausgegeben«, dann stellt dies für Anton einen Reizsatz dar. Sein automatisches Gefühl in diesem Moment ist: »Da ist wieder mein Geld für etwas Unsinniges ausgegeben worden.« Wohlgemerkt es ist ein *Gefühl*. Es ist nicht ein überlegter Gedanke. Es ist ein Reflex, den Anton nicht unter Kontrolle hat. Was er jedoch unter Kontrolle hat, ist, *wie er mit diesem Gefühl umgeht*.

Er kann dieses Gefühl für sich behalten, und Annemarie nur eine Unmutsäußerung zukommen lassen. Andererseits kann er sich diesen Reflex bewusst machen, um mit Annemarie darüber zu sprechen. Selbstverständlich ist das nicht ganz einfach. Aber wenn man bewusst auf die Suche geht und offen für die Möglichkeiten bleibt, dann wird man fündig werden. Auf diese Weise kann die Konditionierung auch wieder aufgehoben werden. Die Auslöser können abgestellt werden, oder man kann lernen, ihnen eine neue Bedeutung zu geben.

Es wäre hilfreich, wenn Anton erkennen könnte, dass die Worte von Annemarie: »Ich habe gekauft ...« einen Reizsatz einleiten. Sie lösen

bei ihm den Reflex aus: »Jetzt bin ich schon wieder betrogen worden!«
Dadurch kann er die Worte, die folgen, nicht mehr vernünftig abwägen.
Er hört im Prinzip gar nicht mehr, was Annemarie gekauft hat, weil
durch den Reflex sein »Gehörgang« geschlossen wird.

Es wäre zusätzlich nützlich, wenn Annemarie verstehen würde, dass
ihre eigene Frage: »Wie machen wir das mit dem Geschenk für ...?« für
sie selbst ein Reizsatz ist, weil sie automatisch davon ausgeht, dass Anton sie im Stich lassen wird mit dieser Aufgabe. Im Prinzip hat sie die
Möglichkeit einer Antwort bereits ausgeschlossen, während sie noch
die ersten einleitenden Worte spricht. Auch ihr »Gehörgang« wird dadurch geschlossen.

Wenn sich beide Partner dieser Reflexe bewusst werden, dann haben
sie eine Chance damit umzugehen. In diesem Fall wäre es ein Gegen-
steuern. Anton könnte zu sich sagen: »Obwohl sie bisher immer wieder
für unnütze Dinge zu viel Geld ausgegeben hat, kann ich nicht wissen,
ob es auch diesmal zutrifft. Ich kann es nur für mich entscheiden, wenn
ich es mir unvoreingenommen angehört habe.«

Annemarie könnte zu sich sagen: »In der Vergangenheit hat er mich
mit der Aufgabe des Geschenkekaufens im Stich gelassen, aber ich kann
nicht wissen, ob es auch diesmal zutrifft. Ich kann es für mich nur entscheiden, wenn ich mir seine Antwort unvoreingenommen angehört
habe.«

Wenn die unkontrollierbaren Reflexe nicht mehr zwischen den beiden
entstehen, dann haben sie eine gute Chance, die einzelnen Probleme
nach rationalen Gesichtspunkten zu lösen. Sie können gemeinsam das
»Dafür und Dagegen« miteinander abwägen. Sie werden dann nicht
mehr nur von konditionierten Reflexen kontrolliert, sondern haben wieder volle Verantwortung für Ihre Beziehung übernommen.

Vorschlag 18 | Überlegen Sie, welche Reizwörter, »roten Tücher«, »Reizgesten« etc. sich in Ihrer Beziehung entwickelt haben. Je spezifischer Sie die Geste beschreiben können, desto besser stehen Ihre Chancen, den Reflex abzubauen.

Die Aussage »Wenn du mir nicht zuhörst« ist z.b. nicht hilfreich. Aber »Wenn du in die Zeitung schaust, während ich mit Dir spreche« ist eine Beschreibung, die sich sehr viel effektiver für den Abbau von Reflexen bewährt hat.

Es kann sein, dass Ihnen nicht gleich etwas dazu einfällt. In diesem Fall beobachten Sie die Interaktion mit Ihrem Partner über eine längere Zeit. Wenn Sie offen für diese Mechanismen sind, dann werden Sie bestimmt fündig werden.

 Ich kann nicht mehr vernünftig mit Dir umgehen, wenn ...

Sitzung 4

Sitzung 4 Szene 1

W: Ich bin natürlich neugierig zu hören, wie Sie
miteinander weitergekommen sind. [Kurze
Pause]

Sie: [leise] Ich weiß nicht, ob wir weiter gekommen sind?[1] [Kurze Pause]

Er: [zu W] Bei einem sind wir vielleicht weitergekommen.[2]

Sie: [Mit skeptischen Ton] Und das wäre?

W: [lachend zu ihm] Sie machen es aber span-
nend!

Er: Wir haben uns zwischendurch gestritten,
und sind dann wieder ins richtige Gleis gekommen.

Sie: [Leicht empört] Das ist überhaupt nicht
wahr. Ich habe mich überhaupt nicht mit dir
gestritten!

Er: [Etwas kleinlaut] Nein? Dann weiß ich auch
nicht.[3]
[kurze Pause und dann zu W.] Auf alle Fälle
war dann einige Tage Funkstille, aber wir
haben dann doch die Kurve wieder gekriegt.

1 Diese Art der Frage ist
in der Regel ein Eröff-
nungszug, auf dem man
einen Widerspruch als
Antwort erwartet (»Ach,
ich finde schon, dass wir
weitergekommen
sind.«), dem man dann
wiederum widerspre-
chen kann usw. Dieser
Eröffnungszug hat den
Vorteil, dass er den
Sprecher weniger an-
greifbar macht. Wenn
Annemarie mit der
Feststellung begonnen
hätte:»Ich finde wir sind
nicht weiter gekom-
men,« müsste sie sich
sehr viel schneller gegen
Antons »Also das
stimmt doch nicht«
verteidigen.

2 Anton gibt genau die
richtige Antwort, damit
Annemarie sagen kann,
was sie mit ihrer Frage
einen Satz vorher eigent-
lich schon sagen wollte,
jetzt kommt Anton in
die Defensive.

3 Anton spielt nicht mit.
Er steigt einfach aus, wie
er sicherlich zu Hause
solche Situationen auch
oft handhabt. Damit löst
sich das Problem aber
nicht.

»Brötchen« oder »Semmeln«?

Kommunikation in einer Partnerbeziehung ist schon eine schwierige Angelegenheit! Manche Menschen denken, dass viele es sich nur schwer machen, aber ich denke: Es ist schwer, weil wir Unaussprechliches durch Sprache vermitteln wollen und von der Utopie ausgehen, das ginge.

Wenn man beim Bäcker einkaufen geht, dann muss man wissen, wie viele Brötchen oder Kuchen man haben will. Man nennt die Art und Anzahl, und, vorausgesetzt der Bäcker benutzt dieselben Begriffe für die gleichen Backwaren, dann gibt es keine Probleme. Wenn ein.Bayer in Berlin einkaufen geht, dann kann es schon zu Missverständnissen kommen. Diese lassen sich jedoch schnell durch Fingerzeig auflösen. Der Bäcker greift so lange nach den verschiedenen Brötchen/Semmeln bis das Lächeln und Nicken des Kunden ihm zeigt, dass sie sich jetzt verstanden haben. Es bleibt bei einer kleinen Episode, bei der beide gutmütig über die merkwürdigen Bezeichnungen des anderen lächeln.

Ganz anders, wenn es um abstrakte Begriffe geht. Hier hat jeder sein Vokabular über die Jahre entwickelt. Das jeweilige Wörterbuch wird geformt durch das Elternhaus, die Kultur, in der man lebt, die Erfahrungen, die man gemacht hat usw. Wenn es bei Abstraktionen zu Missverständnissen kommt, dann kann man nicht auf die »Semmel« zeigen und der andere weiß, »Brötchen« ist gemeint. Hier müssen beide sich bemühen, durch Erläuterungen, Beispiele usw. ihre Bedeutungen des umstrittenen Wortes klar zu machen. Jeder kennt die stundenlangen Diskussionen um des »Kaisers Bart«, bei denen man erst am Ende des Abends, oder leider auch oftmals nie, entdeckt, dass man zwei verschiedene »Kaiser« gemeint hat.

Geht es um Gefühle, ist die Kommunikation am schwierigsten. Sie ist nämlich unmöglich. Ausführlich habe ich darüber im Sammelband »Paartherapien«[1] geschrieben. Ich habe dort die Feststellung getroffen,

1 »Paartherapien«, München 2000

dass man Gefühle nicht aussprechen kann. Man kann zwar *über* Gefühle sprechen, aber die Empfindung selbst ist ein Privatwissen eines jeden Menschen und kann nicht mit anderen verglichen werden.

Der Kunde kann zwar auf die Semmel zeigen und fragen, wie sie heißt, den Geschmack kann der Bäcker ihm nicht sagen. Egal wie sehr der Bäcker sich auch bemühen wird, alle seine Beschreibungen werden recht wenig Gemeinsamkeiten mit dem empfundenen Geschmack des Kunden haben. Die Geschmacksempfindung eines Gewürzes, das man noch nie probiert hat, kann man durch keine Schilderung nachvollziehen. Ein kluger Verkäufer lässt den Käufer eine Ecke des Gebäcks einfach probieren, bevor der Kunde den Verkauf im Laden »ewig« aufhält. Erst wenn der potenzielle Käufer die exotische Backware probiert, wird er sich mit dem Verkäufer einigen können, wie »würzig« oder »elegant« die Kostprobe schmeckt. Sie werden sich einigen können, weil sie beide Vergleiche machen können mit Gewürzen, die ihnen beiden bekannt sind. Ohne die Vergleichsmöglichkeit und das Probieren wird die Diskussion nur zu Missverständnissen führen.

Wenn es nur um eine Semmel bzw. um ein Brötchen geht, ist die Schwierigkeit des Kommunizierens von untergeordneter Bedeutung. Man wird die Enttäuschung schnell verschmerzen, wenn der Krapfen nicht so »süß« schmeckt, wie der Bäcker es einem beschrieben hat.

Wenn Anton das Wort »streiten« einbringt, dann erinnert Annemarie das gemeinsame Erlebnis der letzten Woche ganz anders. Die beiden könnten sich nun stundenlang in aller Ausführlichkeit darüber streiten, ob sie sich »gestritten« haben. Aber am Ende wären sie nicht klüger als vorher. Sie wären nur zerstrittener. Da man dem Partner keine Kostprobe des eigenen Missempfindens zum Probieren geben kann (auch wenn es schon viele versucht haben und es Revanche genannt haben), kann man sich mit dem Partner nur über konkrete Begebenheiten austauschen, in denen das Gefühl aufgetreten ist. Das ist jedoch Annemarie und Anton hier noch nicht gelungen.

Vorschlag 19 | Welche Wörter werden in Ihrer Partnerbeziehung von Ihnen beiden unterschiedlich definiert?

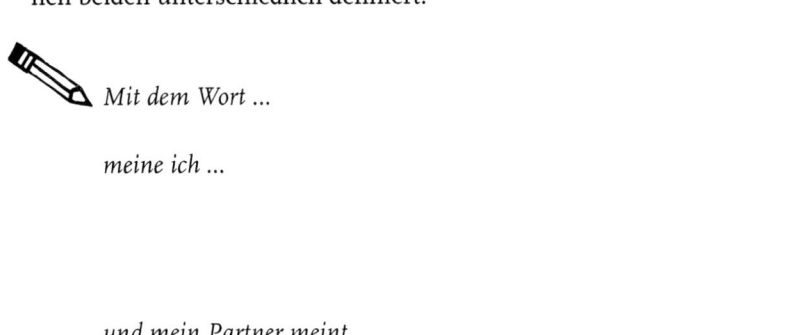

Mit dem Wort ...

meine ich ...

und mein Partner meint ...

Und welche unterschiedlichen Wörter benutzen Sie beide für die »gleichen Gefühle«?

Wenn ich fühle, dass ...

dann nenne ich es ...

Mein Partner nennt es ...

Sitzung 4 Szene 2

Er: Meine Frau antwortet immer so heftig.
[Nach Worten suchend] so ..., so ... Also,
wenn man es nicht unbedingt entscheiden
muss oder ... durchdrücken muss, dann
lass ich es immer bleiben.

W: Ihre Frau antwortet so heftig?[1]

Sie: [Leise unterbrechend] Das ist gar nicht
wahr.[2]

W: Darf ich das mal so sagen: »Sie bläst Sie
weg.«[3]

Er: [Lacht] Das kann man so sagen.

W: [Lacht] Sie sehen gar nicht so aus, als ob
das für Ihre Frau möglich wäre.

Sie: [Lacht etwas] Das stimmt ja auch gar
nicht.[4]

W: [Zu ihr mit ernsterem Ton] Aber es ist sein
Empfinden. Natürlich stimmt es auf der
realen Ebene nicht! Er ist nicht einen Milli-
meter vom Fleck gerutscht. Null Bewegung,
er ist genau an der Stelle, wo er war. Sie
haben ihn nicht wirklich weggeblasen. Aber
er hatte das Gefühl, jemand versucht, ihn
wegzublasen.

[zu ihm] Dadurch entstand bei Ihnen der
Gedanke, sich dagegen zu stemmen. [W.
spielt den Beleidigten, verschränkt die Arme
und lehnt sich demonstrativ zurück]: »Jetzt
sage ich nichts mehr.«

Er: Ja, genau so![5]

W: [Zu ihr] Wenn jemand das Gefühl hat, jetzt
werde ich weggeblasen, dann versucht er,
seine Standfestigkeit zurückzuholen, in
dem er mit, »Da sag ich jetzt nichts mehr!«
reagiert.

Sie: Wissen Sie ...

1 Wie fühlt sich »heftig«
an?

2 Für Annemarie hat das
Wort sichtlich eine ande-
re Bedeutung.

3 Ich versuche, das
psychologische Gefühl
mit einem körperlichen
Erleben gleichzusetzen,
damit man besser da-
rüber sprechen kann.

4 Wir sind am Thema
der »zwei erlebten Wahr-
heiten«. Aber erst muss
Antons Wahrnehmung
deutlich gemacht wer-
den, bevor ich zu Anne-
maries komme.

5 Seine Bestätigung
erlaubt mir, diese Meta-
pher beizubehalten,
auch wenn Annemarie
zum Widerspruch an-
setzt. Darauf will ich
später eingehen. Jetzt
muss erst die Ursache
von Antons Rückzug
deutlich gemacht wer-
den.

W: [Unterbricht] Darf er es zu Ende sagen?
Sie: Ja, bitte.
W: [Aufmunternd zu ihm] Ja?
Er: Mein »Da sag ich jetzt nichts mehr« hat
zwei Seiten. Man fühlt sich weggeblasen.
Aber was ich eher denke: »Es hat ja sowieso
keinen Sinn, etwas zu sagen. Ich kann sie
sowieso nicht überzeugen, wenn sie einmal
auf dieser Welle ist.«
W: Das sind für mich eigentlich nicht zwei ver-
schiedene Sachen. Wenn ich das Gefühl
habe, ich könnte weggeblasen werden,
dann entsteht bei mir die Befürchtung:
»Da komme ich nicht gegen an.«[6]
Er: Ja, gut.
W: Ich bin also weg – dieser nächste Teil, über
den ich sprechen möchte, ist in der Regel
nicht ganz bewusst – [W. imitiert einen
Mann, der sich gegen den Wind stemmt].
Es ist nämlich auch unbequem,[7] sich gegen
den Wind zu lehnen.
Er: [Lacht] Ja, das auch.
W: [Zu ihr] Was wollten Sie vorhin sagen?[8]

6 Die vermeintlichen
»zwei Seiten« sind ei-
gentlich Folgerungen
einer Ursache: Erst spürt
Anton: Da kommt ein
starker Gegenwind.
Dann schließt er daraus:
Ich bin zu schwach, um
dagegen anzukommen.

7 Hinter einer erlebten
»Unfähigkeit« steht oft
eine unbewusste Be-
quemlichkeit.

8 Jetzt können wir zu
Annemaries Erleben der
Situation kommen.

»Heftig« ist nicht gleich »heftig«

Manche Gefühle, wie z.B. der oben beschriebene Geschmackssinn, können bis zu einem gewissen Grad verglichen werden. Wenn zwei Menschen von derselben Speise kosten, können sie sich einigen, dem Empfinden, das sie dabei haben, einen gleichen Namen zu geben. Sie werden zwar nie erfahren, ob das, was sie jeweils dabei empfinden, das Gleiche ist. Sie können, aber gut damit leben, es nicht zu wissen, weil sie jetzt eine Konvention haben, mit der sie sich verständigen können.

Wenn es sich um emotionale Erlebnisse handelt, dann fehlt die Möglichkeit des direkten Vergleichs. Wenn Annemarie »heftig« spricht, kann sie nicht erleben, wie es sich für Anton anfühlt. Er kann ihr erzählen, welche Gedanken ihm dabei kommen und wie er darauf reagiert. Aber was er dabei empfindet, kann er ihr nicht direkt sagen. Sie kann es nicht »nachfühlen«, wie sie eine Speise »nachschmecken« kann.

Erschwerend kommt noch hinzu, dass es sich unterschiedlich anfühlt, ob man »heftig« angesprochen wird, oder ob man »heftig« zu jemandem spricht. Die beiden haben also kaum eine Chance, sich auf einen Begriff für die gemeinsam (?) erlebte Situation zu einigen.

Es ist wichtig, zu unterscheiden, ob es im Gespräch um Gefühle geht oder um Fakten. Meine Erfahrung zeigt: In einer Partnerschaft geht es leider meistens um eine Klärung, wer die »richtigen« Gefühle hat. Ein Unterfangen, dass keine Lösung haben kann.

Wenn man darüber streitet, ob es im Zimmer heiß oder kalt ist, dann wird um das »richtige« Gefühl gestritten. Einer friert bei 21 Grad Zimmertemperatur, während der andere schon zu schwitzen beginnt. Da gibt es kein »richtig« oder »falsch«. (Auch wenn vielleicht die offiziellen Empfehlungen zum Heizen einer Wohnung besagen, dass 21 Grad die optimale Temperatur ist, helfen sie im konkreten Fall nicht weiter, wenn beide sich wohlfühlen sollen.) Andererseits, wenn man fragt, wie viel Grad Celsius die Raumtemperatur gerade beträgt, dann kann es ein Missverständnis beim Ablesen geben, das faktisch geklärt werden kann.

Aber Vorsicht, zwischen diesen beiden Arten von Konflikten ist oft nicht so einfach zu unterscheiden. Wenn man darüber streitet, ob der Anzeiger wahrscheinlich wieder defekt ist, weil der andere sich nicht richtig um das Haus kümmert etc., dann gehört dieser Streit wieder in die Gefühlskategorie. In der Regel hat keiner der beiden Partner eine wissenschaftliche Untersuchung gemacht, wie wahrscheinlich die Messgeräte im Haus kaputt gehen.

Indem ich im Gespräch mit Annemarie und Anton eine körperliche Metapher eingebracht habe, versuchte ich, das Empfinden »greifbarer« zu machen. Ich ging davon aus, dass jeder das Gefühl kennt, dass das Verhalten begleitet, wenn man sich gegen den Wind stemmt. Man muss jetzt nicht mehr darüber diskutieren, ob Annemarie *tatsächlich* »heftig« antwortet. Er nennt und empfindet es nun mal so.

Würden ein Grashalm und eine Eiche miteinander diskutieren, könnten sie zwar uneins sein, welche Windstärke sie als »heftig« definieren. Denn für beide gibt es eine individuelle Windstärke, bei der sie sich vom Wind umgeblasen fühlen. Sie können sich aber beide gut darüber unterhalten, wie es sich anfühlt, sich gegen den Wind zu stemmen. Auch wenn sich jeder bei einer anderen Windstärke umgeblasen fühlt, so kennen beide das subjektive Erleben, dass ein Wind stärker ist als das eigene Stehvermögen. Eine »Geschmackskonvention« ist dadurch möglich. Sie können sich jetzt über das Gefühl unterhalten, sich gegen den Wind stemmen zu müssen, statt über die Begründung, ob eine gegebene Windstärke als »windig« zu bezeichnen ist oder nicht. Das Verhalten des Sich-gegen-den-Wind-Stemmens ist vergleichbar, während es das subjektive Erleben nicht ist.

Nachdem wir für den strittigen Begriff »heftig « ein vergleichbares Körpergefühl gefunden haben, können wir über die Bedeutung dieses Wortes in der Kommunikation zwischen Annemarie und Anton nachdenken. Dadurch überspringen wir die Endlosdebatte, welche Windstärke »heftig« genannt werden darf. Wir können konstruktiv darüber sprechen, welche Wechselwirkung diese Situation zwischen den beiden auslöst.

Vorschlag 20 | Versuchen Sie beide, bei Ihrem nächsten Streitgespräch darauf zu achten, ob Sie um einen bestimmten abstrakten Begriff streiten, d.h. um die Frage, ob ein Sachverhalt zutrifft oder nicht. Ob es zu laut, zu spät, zu wenig etc. war oder normal in der Lautstärke, noch pünktlich, noch ausreichend etc.

Wenn Sie sich beide einigen können, dass Sie sich in einen Streit um Gefühlsbegriffe hineinmanövriert haben, dann versuchen Sie, aus dieser Endlosschleife auszusteigen.

Testen Sie, ob Sie tatsächlich erfolgreich damit waren, in dem Sie die nachfolgende Aussage vervollständigen:

Ich weiß jetzt, dass sich der folgende gefühlsmäßige Sachverhalt nicht mit Fakten entscheiden lässt: (Vorsicht! Wenn Sie zwar zustimmen, dass er sich nicht entscheiden lässt, aber meinen, dass Ihr Gefühl »eigentlich« das »richtigere« ist, dann ist das Schummeln.)

Sitzung 4 Szene 3

Sie: Wenn er sagt:»Man hat halt manchmal
solche Gedanken«, oder:»Es kommen einem manchmal solche Gedanken«, kann
ich sehr, sehr wenig damit anfangen. Wenn
er wirklich Sorgen, Bedürfnisse ausdrücken
würde ...[1] [ändert den Gedankengang, bevor sie den vorangegangen Gedanken beendet hat] Es kommt kaum zu Diskussionen
bei uns. Ich finde eine Diskussion ist ein
Meinungsaustausch, ohne dabei dem anderen meine Meinung aufzudrücken.

W: Wenn er das »man« ersetzt hätte ...

Sie: [Vervollständigt den Satz] ... durch »ich«,
wäre es schon viel besser gewesen.

W: ...»Mich belastet es.«

Sie:»Mich belastet es«. Ja.

W: Dann wäre es anders für Sie?

Sie: Das käme anders bei mir an.[2]

W: Sie könnten dann anders damit umgehen.

[1] Dieser angefangene Satz würde ihre Haltung sehr deutlich ausdrü- cken, aber eben nur »würde«, denn sie spricht ihn nicht zu Ende. Zu ihrem Wunsch, ihn mit seinen Sorgen und Bedürfnis- sen zu begleiten, kann sie sich noch nicht voll bekennen. Wie den meisten Menschen fällt es ihr leichter, Vorwürfe zu äußern als Wünsche, denn mit dem Ersteren fühlt man sich sicherer, als mit dem Zweiten.

[2] Man wünscht sich oft vom anderen etwas, was man selbst nicht kann oder einem selbst schwer fällt. Im Prinzip bedarf es zur Vervoll- standigung des obigen unvollständigen Satzes der gleichen Fähigkeit, die sie jetzt bei ihm anmahnt.

Sitzung 4 Szene 3 (Fortsetzung)

Sie: Dann könnte ich anders damit umgehen. [Etwas empört] Wenn er verallgemeinert, als würde er über Frau Müller oder Frau Meier sprechen, wenn er sagt:»Solche Gedanken kommen einem eben.«...

W: Wenn ich das als Bild aufgreife, dann müsste ich sagen: Sie blasen ihn weg, und er verschwindet dadurch für Sie ... 3

Sie: Ja, er macht sich nicht bemerkbar.

W: ... Und ist [lacht] – Ich habe Hemmungen, das Wort zu sagen – Er ist nicht mehr da!4

Sie: [Lacht]

W: Das ist doch tatsächlich der Fall. Das ist doch genau der Punkt.

Sie: [Heftig] Das ist genau der Punkt!

3 Ich versuche, Annemarie zu zeigen, wie ihr Verhalten sein Verhalten auslöst. Gleichzeitig versuche ich, ihr auch noch zwei weitere Dinge klar zu machen: Sie ist sich zwar nicht bewusst, dass sie das Verhalten bei Anton auslöst, aber sie bekommt es schmerzlich zu spüren, was dieses ausgelöste Verhalten wiederum bei ihr selbst verursacht. Mit anderen Worten: Sie kann nicht erkennen, was sie sendet, nur was sie empfängt. Natürlich hätte ich mit der Beschreibung des Teufelskreises auch bei Anton anfangen können.

4 Wir sind wieder zurück bei dem Begriff, den wir schon verstanden haben. Jedes Beispiel dient dazu, das Beziehungsspiel der beiden aus einer anderen Perspektive neu zu beleuchten (siehe »Ein dreidimensionales Objekt erfassen – mit einer zweidimensionalen Kamera« auf Seite 75).

Wer verteidigt sich und wer greift an?

Das Traurige am Teufelskreis, der zwischen Annemarie und Anton besteht, ist die Tatsache, dass beide sich schützen wollen und dadurch unabsichtlich den anderen verletzen. Deshalb kommt es zu einer Angriffsspirale. Diese wird vorangetrieben, in dem sich beide immer vehementer verteidigen.

Anton versteckt sich in der »schwarzen Tasche«, wenn er glaubt, Annemarie bläst so »heftig«, dass er mit seinen Wünschen nicht mehr in der Diskussion bleiben kann. Annemarie spürt, Anton »ist nicht da«. Sie fühlt sich in Stich gelassen und bekommt Angst, zu vereinsamen. Annemarie muss (?) dann »heftiger« nach Anton rufen, in der Hoffnung, ihn wieder zu erreichen. Anton glaubt, sich nicht gegen Annemaries »heftigen Wind« stemmen zu können (?) und verschwindet, z.B in der »schwarzen Tasche«. Diese Spirale hat nicht mit einem der beiden angefangen, sondern ist langsam als ganzer Kreis in der Beziehung entstanden. Man kann deshalb nicht sagen, dass einer der beiden angefangen hätte oder gar Schuld sei. Es ist dieses Beziehungsspiel, das sich zwischen den beiden entwickelt hat, das böse oder teuflisch ist.

In meiner Arbeit mit dem Paar versuche ich, die beiden Fragezeichen des vorigen Abschnitts in das Gespräch einzubringen. Zunächst gebe ich Anton zu bedenken, dass er vielleicht zu schnell aufgibt, und provoziere mit der Andeutung, dass es auch bequemer ist, aufzugeben. Danach versuche ich, Annemarie klar zu machen, wo ihre Alternativen sind.

Vorschlag 21 | Ich muss Sie vorwarnen, dass die Übung, die ich jetzt vorschlage, sehr schwer ist. Seien Sie deshalb nicht enttäuscht, wenn Sie damit nicht erfolgreich sind.

Überlegen Sie sich einen strittigen Punkt in Ihrer Partnerbeziehung. Selbstverständlich sehen Sie sich im Recht in der Angelegenheit. Versuchen Sie nun, eine kleine Berechtigung in der Sichtweise des Partners zu sehen. Es geht wirklich nur um einen winzigen Pluspunkt in den Argumenten des Partners. Es geht nicht um die Frage, wer von Ihnen »ganz Recht« hat. Er darf trotzdem insgesamt im Unrecht bleiben.

 In diesem Streit um ...

bei dem ich mich grundsätzlich im Recht fühle, kann ich die Berechtigung meines Partners in diesem Teilbereich sehen:

Sitzung 4 Szene 4

W: Ich würde gerne auf einen Satz zurückkommen, den Ihr Mann am Anfang gesagt hat. Er hat gesagt:»Es gab da ein Problem, aber ich finde, zumindest haben wir haben es geschafft, uns da wieder herauszurappeln.« Das hat er doch gesagt? Oder?

Sie: [Wie eine Selbstverständlichkeit] Da hat er Recht![1]

Er: [Kichert leise im Hintergrund]

W: [Überrascht] Ach, haben Sie das auch gesagt, als er es am Anfang erwähnt hat?

Sie: Er hat gesagt:»Wir haben uns gestritten.« Ich habe gesagt:»Das stimmt nicht. Gestritten haben wir uns nicht.«

W: Stimmt. Aber Sie haben nicht gesagt:»Gestritten haben wir uns nicht, aber ...

Sie: [unterbricht] Vom Grundsatz her hat er Recht.

W: Das haben Sie am Anfang gesagt?

Sie: [Überzeugt] Ich weiß nicht, ob ich das gesagt habe, aber es ist so!

W: [Lachend] Das höre ich gerne, und es überzeugt mich auch, aber haben Sie es auch gesagt? Ich habe es nicht gehört.

Sie: Mein Mann sieht das als »streiten«. ... Ich hatte das Gefühl, irgendetwas hat ihm nicht gepasst, und ich weiß bis heute nicht, was es war.[2] Auf jeden Fall hat er den Schwanz eingezogen und hat ein paar Tage nichts gesagt, und ich habe auch nichts gesagt. Dann hat er gesagt, ich wäre diejenige, die nicht geredet hat. Das fand ich natürlich nicht so gut.

W: Ich wollte gar nicht auf den Konflikt kommen, sondern nur auf das, was am Anfang

1 Annemarie kann jetzt ganz selbstverständlich auf den zweiten Halbsatz eingehen. Ich vermute, das ist deshalb möglich, weil ich den Satz ausspreche und wir bereits seine Hälfte des Teufelskreises aufgezeigt haben.

2 Sie empfand den Satz »Wir haben uns gestritten« als Vorwurf. Sie erkannte, dass Anton darin seinen Rückzug begründete und fühlte sich im Stich gelassen. Deshalb hat sie nur auf den Halbsatz reagiert, in dem der Vorwurf steckte. Den zweiten Teil des Satzes hat sie ignoriert, aber darin steckte die Chance, ihn wieder für sich zu gewinnen. Kommunikation ist, wie schon gesagt, sehr kompliziert.

der Stunde gelaufen ist. Es gibt immer mehrere Wahrheiten. Eine Wahrheit ist: »Es war gar kein Streit. Ich würde das ganz anders definieren.« Eine andere Wahrheit ist: »Ja, wir haben uns irgendwo rausgerappelt.«[3]
Sie: Das ist richtig, ja.

[3] Ich versuche, ihr zu zeigen, dass sie nichts Falsches gesagt hat. Andererseits weise ich sie auf eine andere Wahrheit hin, die sie auch hätte sagen können und die den Teufelskreis weniger angestoßen hätte.

Wann hat sich eine Beziehung verbessert?

Wenn Sie die vorangegangenen Auszüge aus den Protokollen der Beratungssitzungen gelesen haben, dann werden Sie sich vielleicht fragen: Hat sich die Beziehung zwischen Annemarie und Anton verbessert oder ist sie immer noch so schlecht wie am Anfang?

Dann stellt sich gleich die nächste Frage: Wie misst man eine Verbesserung in einer Partnerbeziehung? Ist die Beziehung erst »repariert«, wenn die beiden nicht oder weniger streiten? Wenn sie nicht mehr an Trennung denken?

Da Beziehungspartner nicht eineiige Zwillinge sein können, müssen sie Situationen unterschiedlich erleben. In der Verliebtheitsphase erscheint es den meisten zwar so, als gebe es keine Abweichungen in den Wünschen, aber dieses Leugnen der Unterschiede funktioniert nur eine begrenzte Zeit. Nach einer gewissen Zeit entdeckt man, dass man unterschiedlichen Appetit – und das zu verschiedenen Zeiten – hat.

Diese natürlichen Unterschiede werden zwangsläufig häufig in Konflikt miteinander geraten. Jetzt zeigt sich die Qualität der Beziehung, d.h. der Kommunikationsfähigkeit. Wie effektiv kann man Konflikte lösen? In einer guten Beziehung wird man schneller auf einen Nenner kommen, der auch tragfähig ist. Faule Kompromisse werden in einer gelebten Beziehung sehr schnell aufgedeckt, weil sie immer wieder an die Realitätsüberprüfung stoßen.

Vorschlag 22 | Entscheiden Sie, welche Veränderungen in einer Partnerschaft eintreten müssen, damit Sie behaupten würden: »Diese Beziehung hat sich positiv verändert.«

○ *Für mich hat sich eine Partnerbeziehung weiterentwickelt, wenn ...*

Haben Annemarie und Anton nach diesen Merkmalen eine Entwicklung gemacht? (Es ist auch möglich, dass beide Alternativen zutreffen)

○ *Nein, weil ...*

○ *Ja, weil ...*

Schlussbemerkungen

♦ Wenn Ihnen dieses Buch bei Ihrer Beziehungspflege geholfen hat und Sie Ihre Erfahrungen mit denen anderer Leserpaare vergleichen wollen, dann sind Sie herzlich eingeladen, sich mit anderen Paaren, die dieses Buch gelesen haben, auf meiner Internetseite auszutauschen. Dieser Gedankenaustausch könnte Ihnen helfen, Auswege aus Sackgassen zu finden, in die Sie bei der einen oder anderen Übung geraten sind. Denn Sie wissen ja: In einer Partnerbeziehung sieht jeder den anderen, aber keiner die Beziehung. Durch den Blick in den Beziehungspiegel wird der eigene Beziehungstanz sichtbar. Diese Spiegelung ist durch andere Paare möglich, wenn Sie ihnen die eigene Beziehung zeigen.

♦ Wenn Ihnen dieses Buch (wieder) Mut dazu gemacht hat, die Qualität Ihrer Partnerbeziehung aktiv mitzubestimmen und sie nicht nur den Launen des Schicksals zu überlassen, dann können Ihre Erfahrungen eine Hilfe für andere Paare sein, die Ihren Entwicklungsstand noch nicht erreicht haben. Bringen Sie Ihre Erkenntnisse auf den entsprechenden Seiten von »www.couplecoaching.de« ein.

♦ Wenn Sie Vorschläge haben, wie meine zukünftigen Bücher besser gestaltet werden können, dann lassen Sie es mich wissen. Ich werde versuchen, Ihre Ideen beim nächsten Buch zu berücksichtigen. Am besten schreiben Sie Ihre Überlegungen in das Forum der Internetseite, damit andere Ihnen zustimmen können.

Die Beziehungsentwicklung von Annemarie und Anton geht natürlich weiter. Das hoffe ich auch für Ihre Beziehung.

DAVID WILCHFORT

Über den Autor

David Wilchfort, geb. 1946, Doctor of Medicine, Univ. Toronto (Can.), ist Facharzt für psychotherapeutische Medizin und arbeitet seit 1973 in einer eigenen psychotherapeutischen kassenärztlichen Praxis in München mit einem Team von Psychologen. Der Schwerpunkt seiner Praxis liegt in den Bereichen Paar- und Familientherapie, Paar-Gruppentherapie, Kommunikationstraining, Konfliktbearbeitung und Krisenintervention. Außerdem wirkt David Wilchfort als anerkannter Ausbilder für Verhaltenstherapie bei der Bayerischen Landesärztekammer und der Kassenärztlichen Vereinigung Bayerns, Ausbildungsleiter der Münchner Arbeitsgemeinschaft für Psychoanalyse und Ausbildungsleiter der Bayerischen Akademie für Psychotherapie.

Als verantwortlicher Berater von »Family Guidance International« für den deutschsprachigen Raum, einer internationalen Organisation zur Betreuung von Managerfamilien im Ausland, und als fachlicher Berater verschiedener Laien- und Fachpublikationen (*Elle, Focus, Eltern* u.a.) sowie Fernsehsendungen ist David Wilchfort MD gern zitierter Experte zum Thema Partnerschaft und Kommunikation.

David Wilchfort lebt in Munchen und ist seit über 30 Jahren glucklich in erster Ehe verheiratet.

ISBN 3-00-007856-8

Lektorat
Ulrike Schöber, Dortmund

Umschlagzeichnungen
Nedeljko Dragic, München

Typografie und Herstellung
schack, verlagsherstellung, Dortmund

Druck und Verarbeitung
Bertelsmann Media on Demand,
Pößneck